MOPP TÄNAV TOIDU KOKARAAMAT

100 lihtsat Korea toitu Souli tänavatelt

Jelena Karu

Autoriõigus materjal ©2024

Kõik õigused kaitstud

Ühtegi selle raamatu osa ei tohi mingil kujul ega vahenditega kasutada ega edastada ilma kirjastaja ja autoriõiguse omaniku nõuetekohase kirjaliku nõusolekuta, välja arvatud ülevaates kasutatud lühikesed tsitaadid. Seda raamatut ei tohiks pidada meditsiiniliste, juriidiliste või muude professionaalsete nõuannete asendajaks.

SISUKORD

SISUKORD 3
SISSEJUHATUS 6
HOMMIKUSÖÖK 7
   1. Kimchi pannkoogid (Kimchijeon) 8
   2. Munaleib (Gyeran-Bbang) 10
   3. Hotteok (magusad Korea pannkoogid) 12
   4. Tteokbokki (vürtsikad segades praetud riisikoogid) 14
   5. Korea köögiviljapannkoogid (Yachaejeon) 16
   6. Korea rullitud omlett (Gyeran Mari) 18
   7. Doenjangi pannkoogid (Bindaetteok) 20
   8. Korea stiilis prantsuse röstsai (Gireum-röstsai) 22
   9. Sebra munarull 24
   10. Korea punaste ubade pannkoogid (Hoddeok) 26
   11. Kuum ja vürtsikas riisikook 28
   12. Korea peekoni- ja munakook 30
   13. Korea mereandide pannkoogid 32
   14. Korea tänava röstsai (Gilgeori-röstsai) 34
SUUPÄID JA SUUPÖÖD 36
   15. Korea maisikoerad (Hotteok-bungeo) 37
   16. Kimbap (Korea merevetikariisirullid) 39
   17. Twigim (Korea tempura) 41
   18. Dakkochi (Korea kanavardad) 43
   19. Kimchi ja sealiha kõhuga grillitud juustu röstsai 45
   20. Korea praetud kanatiivad 47
   21. Kimchi Mandu (Kimchi pelmeenid) 49
   22. Korea maisi juust 51
   23. Korea kalakoogivardad (Odeng) 53
   24. Hotteok köögiviljade ja nuudlitega 55
   25. Korea riisipall (Jumeokbap) 58
   26. Vegan Bulgolgi võileib 60
   27. Korea pliidipealsed pähklikoogid 62
   28. Tänav Toast Sandwich 64
   29. Friteeritud köögivili 66
PÕHIROOG 69
   30. Bibimbap (segatud riisikauss) 70
   31. Kimchi Jjigae (Kimchi hautis) 72
   32. Dakgalbi (vürtsikas praetud kana) 74
   33. Korea karri riis 76

34. Kimchi praetud riis (Kimchi Bokkeumbap) 78
35. Gyeranbap röstitud merevetikatega 80
36. Veiseliha Bulgogi 82
37. Doenjang köögiviljahautis/Doenjang-Jjigae 84
38. Korea BBQ lühikesed ribid 86
39. Doenjang Jjigae (sojaoapasta hautis) 88
40. Korea kana 90
41. Doenjang Chigae Bokkeum 92
42. Grillitud sealiha Maekjeok/Maekjeok 94
43. Korea praad 96
44. Doenjang Bulgogi (sojaoapastaga marineeritud veiseliha) 98
45. Kimchi makrell/Godeungeo Kimchi-Jorim 100
46. Korea vürtsikas marineeritud sealiha 102
47. Bossam Kimchi ja pošeeritud sealiha/Bossam 104
48. Korea marineeritud küljepihv 107
49. Korea röstitud kana reied 109
50. Vegan Doenjang Jjigae (Korea oapasta hautis) 111
51. Doenjang Bibimbap (riisiga segatud köögiviljad) 114
52. Doenjang Gui (grillitud sojaoapasta mereannid) 116

NUUDELID 118
53. Gochujang külmad nuudlid 119
54. Japchae (segatud klaasnuudlid) 121
55. Bataadi vermikelli ja veiseliha segatud praadimine 123
56. Vürtsikad külmad nuudlid 125
57. Nuudlid musta oa kastmega 127
58. Chap Chee nuudlid 129
59. Korea kana nuudlikauss 131
60. Jjajangmyeon (Korea musta oa nuudlid) 133
61. Vürtsikad nuudlid muna ja kurgiga 135
62. Korea külmad nuudlid 137
63. Vürtsikad Soba nuudlid 139
64. Korea nuudlid köögiviljadega 142

SALATID 144
65. Vürtsikas Korea teosalat 145
66. Korea kurgi salat (Oi Muchim) 147
67. Korea spinati salat (Sigeumchi Namul) 149
68. Korea redise salat (Musaengchae) 151
69. Korea oadude salat (Kongnamul Muchim) 153
70. Doenjang Tofu salat 155
71. Korea kartulisalat (Gamja salat) 157
72. Korea merevetika salat (Miyeok Muchim) 159

SUPID 161
73. Veisekapsasupp/Sogogi Baechu Doenjang-Guk 162

74. Korea kohupiimasupp 164
75. Korea merevetikasupp 166
76. Miso ingverisupp 168
77. Kammkarbisupp/Sigeumchi Doenjang-Guk 170
78. Kreveti riisisupp 172
79. Doenjang Rameni supp 174
80. Kuivatatud tursasupp 176
81. Veise rinnatükk ja kaljasupp 178
82. Sojaoa idude supp 180
83. Kana jaženšenni supp 182
84. Riisi ja veiseliha nuudlisupp 184
85. Korea noaga lõigatud nuudlisupp 186
86. Seakaela supp 188

MAGUSTOOTED **190**
87. Magusad Korea pannkoogid 191
88. Korea meega pošeeritud pirnid 193
89. Korea piimajääsorbett 195
90. Korea riisikoogivardad 197
91. Korea maasika kiivi rullkook 199
92. Korea Yakwa magustoit 202
93. Korea tapiokipuding 204
94. Korea vürtsikas riisikook 206
95. Küpsetatud pirnid Wontoni krõpsudes 208
96. Tervislik magus riisikook 210

MAITSED **212**
97. Korea BBQ kaste (Kalbi või Bulgogi kaste) 213
98. Ssamjangi kaste 215
99. Yangnyeom Jang dipikaste pelmeenidele 217
100. Maesil Jang salatikaste 219

KOKKUVÕTE **221**

SISSEJUHATUS

Astuge Korea tänavatoidu elavasse maailma raamatuga "Mopp Tänav Toidu Kokaraamat". Lõuna-Korea elav pealinn Soul on tuntud oma dünaamilise tänavatoidukultuuri poolest, kus sagivad turud ja elavaloomulised toiduletid pakuvad ahvatlevat valikut maitseid ja aroome. Selles kokaraamatus kutsume teid asuma kulinaarsele teekonnale läbi Seouli elavate tänavate, uurides 100 maitsvat ja autentset Korea retsepti, mis tabavad selle elava toidustseeni olemust.

Korea tänavatoitu, mida tuntakse korea keeles "mopp" nime all, iseloomustavad selle julged maitsed, leidlikud kombinatsioonid ja lohutav lihtsus. Alates krõbedast praekanast ja soolastest pannkookidest kuni vürtsikate riisikookide ja maitsvate suppideni – iga selle kokaraamatu roog annab tunnistust Korea tänavamüüjate loomingulisusest ja leidlikkusest. Olenemata sellest, kas olete kogenud kodukokk või uudishimulik toiduhuviline, leiate neilt lehtedelt midagi, mida armastada.

Selgete juhiste, kasulike näpunäidete ja vapustavate fotodega „Mopp tänavatoidu kokaraamat" muudab Souli maitsete taasloomise oma köögis lihtsaks. Ükskõik, kas ihkate kiiret ja rahuldavat suupistet või plaanite pidulikku Korea pidusööki, need retseptid viivad teid Souli elavatele tänavatele, kus õhku täidab särisevas liha ja podiseva puljongi aroom.

Niisiis, haarake söögipulgad, pange pliit põlema ja valmistuge kogema Korea tänavatoidu vastupandamatuid maitseid. Ükskõik, kas valmistate süüa endale, perele või sõprade kogunemisele, "Mopp tänavatoidu kokaraamat" tõotab rõõmustada teie maitsemeeli ja sütitada teie kirge Korea köögi vastu.

HOMMIKUSÖÖK

1. Kimchi pannkoogid (Kimchijeon)

KOOSTISOSAD:
- 1 tass kimchit, tükeldatud
- 1 tass universaalset jahu
- 1/2 tassi vett
- 2 rohelist sibulat, hakitud
- 1 spl taimeõli
- Sojakaste (valikuline)

JUHISED:
a) Sega kausis tükeldatud kimchi, jahu, vesi ja hakitud roheline sibul. Sega hästi, kuni moodustub taigen.
b) Kuumutage taimeõli mittenakkuval pannil keskmisel kuumusel.
c) Valage kulbitäis tainast pannile, ajage see õhukeseks pannkoogiks laiali.
d) Küpseta 2-3 minutit mõlemalt poolt või kuni see on kuldpruun ja krõbe.
e) Korrake ülejäänud taignaga, et teha rohkem pannkooke.
f) Serveeri kimchi pannkoogid kuumalt, soovi korral sojadipikastmega.

2.Munaleib (Gyeran-Bbang)

KOOSTISOSAD:
- 1 tass universaalset jahu
- 1 spl suhkrut
- 1/2 tl küpsetuspulbrit
- Näputäis soola
- 1 muna
- 3/4 tassi piima
- Või panni määrimiseks

JUHISED:
a) Vahusta segamiskausis jahu, suhkur, küpsetuspulber ja sool.
b) Klopi teises kausis lahti muna ja sega see piimaga.
c) Lisage märjad koostisosad järk-järgult kuivadele koostisosadele, segades, kuni need on hästi segunenud ja ühtlased.
d) Kuumuta mittenakkuva pann või küpsetusplaat keskmisel kuumusel ja määri kergelt võiga.
e) Vala pannile kulbitäis tainast, et moodustuks väike ring.
f) Murra muna taigna keskele.
g) Küpseta 2-3 minutit või kuni servad on tahkunud.
h) Keera munaleib ettevaatlikult ümber ja küpseta veel 2–3 minutit või kuni muna on teie maitse järgi küpsenud.
i) Korrake ülejäänud taignaga, et saada rohkem munaleiba.
j) Serveeri munaleiba kuumalt, soovi korral kaunistatuna hakitud rohelise sibula või seesamiseemnetega.

3. Hotteok (magusad Korea pannkoogid)

KOOSTISOSAD:
- 1 tass universaalset jahu
- 1/2 tassi leiget vett
- 1/4 tassi suhkrut
- 1/2 tl aktiivset kuivpärmi
- Näputäis soola
- 2 spl taimeõli
- Täidis: hakitud pähklid, pruun suhkur, kaneel (valikuline)
- Täiendav taimeõli praadimiseks

JUHISED:
a) Lahusta segamisnõus leiges vees suhkur ja pärm. Laske sellel seista 5-10 minutit või kuni vahuni.
b) Lisa pärmisegule jahu ja sool. Segage, kuni see on hästi segunenud.
c) Kata kauss köögirätikuga ja lase tainal soojas kohas kerkida umbes 1 tund või kuni see kahekordistub.
d) Torka kerkinud tainas alla ja jaga see võrdseteks pallideks.
e) Tasandage iga pall kätega ja asetage keskele lusikatäis täidist.
f) Suruge servad kokku, et täidis taigna sees oleks tihendatud.
g) Kuumuta mittenakkuva pann keskmisel kuumusel ja lisa veidi taimeõli.
h) Aseta täidetud taignapallid pannile ja lameda need spaatliga, et moodustada pannkoogid.
i) Küpseta 2-3 minutit mõlemalt poolt või kuni see on kuldpruun ja krõbe.
j) Serveeri hotteok kuumalt, soovi korral puista peale suhkrut või hakitud pähkleid.

4.Tteokbokki (vürtsikad segades praetud riisikoogid)

KOOSTISOSAD:
- 200 g tteoki (Korea riisikoogid)
- 2 tassi vett
- 2 supilusikatäit gochujang (Korea punane tšillipasta)
- 1 spl sojakastet
- 1 spl suhkrut
- 1 küüslauguküüs, hakitud
- 1/2 sibulat, õhukeselt viilutatud
- 1/2 porgandit, õhukeselt viilutatud
- 2 rohelist sibulat, lõigatud 2-tollisteks tükkideks
- 1 tl seesamiõli
- Kaunistuseks röstitud seesamiseemned

JUHISED:
a) Leota tteoki kausis umbes 30 minutit soojas vees, et see pehmeneks.
b) Kastme valmistamiseks segage eraldi kausis kokku gochujang, sojakaste, suhkur ja hakitud küüslauk. Kõrvale panema.
c) Kuumuta taimeõli suurel pannil või wokis keskmisel-kõrgel kuumusel. Lisa viilutatud sibul ja porgand. Prae segades 2-3 minutit, kuni see on veidi pehmenenud.
d) Nõruta pehmenenud tteok ja lisa koos kastmeseguga pannile. Sega korralikult, et riisikoogid katta.
e) Lisa pannile vesi ja lase keema tõusta. Küpseta 5–7 minutit, aeg-ajalt segades, kuni kaste pakseneb ja riisikoogid on läbi küpsenud.
f) Sega juurde roheline sibul ja seesamiõli. Eemaldage kuumusest.
g) Enne serveerimist kaunista röstitud seesamiseemnetega.
h) Nautige vürtsikat ja lohutavat tteokbokki toeka hommikuroana.

5. Korea köögiviljapannkoogid (Yachaejeon)

KOOSTISOSAD:
- 1 tass universaalset jahu
- 1 tass vett
- 1 muna
- 1/2 teelusikatäit soola
- 1 tass segatud köögivilju (nt porgand, suvikõrvits ja roheline sibul), peeneks hakitud
- Taimeõli praadimiseks
- Sojakaste (valikuline)

JUHISED:
a) Vahusta segamiskausis jahu, vesi, muna ja sool ühtlaseks massiks.
b) Lisa taignale hakitud segatud köögiviljad ja sega, kuni see on hästi segunenud.
c) Kuumutage taimeõli mittenakkuval pannil keskmisel kuumusel.
d) Valage kulbitäis tainast pannile, ajage see õhukeseks pannkoogiks laiali.
e) Küpseta 3-4 minutit mõlemalt poolt või kuni see on kuldpruun ja krõbe.
f) Tõsta pannilt ja nõruta paberrätikutel, et eemaldada liigne õli.
g) Korrake ülejäänud taignaga, et teha rohkem pannkooke.
h) Serveeri Korea köögiviljapannkooke kuumalt, soovi korral sojadipikastmega.

6.Korea rullitud omlett (Gyeran Mari)

KOOSTISOSAD:
- 3 muna
- 1 spl piima
- Sool ja pipar maitse järgi
- 1/4 tassi porgandit, peeneks hakitud
- 1/4 tassi paprikat, peeneks tükeldatud
- 1/4 tassi sibulat, peeneks hakitud
- 1/4 tassi sinki või keedetud peekonit, peeneks tükeldatud (valikuline)
- Taimeõli praadimiseks
- Rullimiseks röstitud vetikalehed (gim).

JUHISED:
a) Vahusta kausis munad, piim, sool ja pipar, kuni see on hästi segunenud.
b) Kuumutage taimeõli mittenakkuval pannil keskmisel kuumusel. Lisa kuubikuteks lõigatud köögiviljad (ja sink või peekon, kui kasutad) ja prae pehmeks.
c) Vala lahtiklopitud munasegu pannile, kalluta panni ühtlaselt laiali.
d) Küpseta 1-2 minutit, tõstes spaatliga servad üles, et keetmata muna alla voolaks.
e) Kui põhi on tahenenud, keera omlett ettevaatlikult ümber ja küpseta veel 1-2 minutit, kuni see on küps.
f) Eemaldage omlett pannilt ja asetage see tasasele pinnale.
g) Aseta omleti peale leht röstitud vetikaid.
h) Keera omlett ühest otsast alustades vetikatega tihedalt kokku.
i) Laske veidi jahtuda, seejärel lõigake suupärasteks tükkideks.
j) Serveerige Korea rullitud omletiviile maitsva ja toitva hommikusöögivalikuna.

7.Doenjangi pannkoogid (Bindaetteok)

KOOSTISOSAD:
- 1 tass leotatud ja jahvatatud mungobe
- 2 supilusikatäit doenjang
- 1/2 tassi hakitud kimchi
- 1/4 tassi hakitud rohelist sibulat
- 2 spl taimeõli

JUHISED:
a) Sega kausis jahvatatud mungoad, doenjang, kimchi ja roheline sibul.
b) Kuumuta pannil õli. Tõsta segu lusikaga pannile, et moodustada väikesed pannkoogid.
c) Küpseta mõlemalt poolt kuldpruuniks.
d) Serveeri koos sojakastmest, riisiäädikast ja seesamiõlist valmistatud dipikastmega.

8.Korea stiilis prantsuse röstsai (Gireum-röstsai)

KOOSTISOSAD:
- 4 viilu leiba
- 2 muna
- 2 spl piima
- 1 spl suhkrut
- Näputäis soola
- Või praadimiseks
- Ketšup ja majonees (valikuline, serveerimiseks)

JUHISED:
a) Vahusta madalas tassis munad, piim, suhkur ja sool, kuni see on hästi segunenud.
b) Kuumuta pann või pann keskmisel kuumusel ja sulata nupp võid.
c) Kasta iga leivaviil munasegusse, kattes mõlemalt poolt ühtlaselt.
d) Asetage kaetud saiaviilud kuumale pannile ja küpsetage mõlemalt poolt kuldpruuniks, poole peal ümber pöörates.
e) Korrake ülejäänud saiaviiludega, lisades vajadusel pannile võid.
f) Pärast küpsetamist tõsta prantsuse röstsai taldrikule.
g) Soovi korral määri igale viilule ühele poole ketšupit ja majoneesi ning võileivaga, et saada Gireumi röstsaia võileib.
h) Viiluta võileib diagonaalselt ja serveeri kuumalt.

9.Sebra munarull

KOOSTISOSAD:
- ¼ teelusikatäit soola
- 3 muna
- Õli toiduvalmistamiseks
- 1 spl piima
- 1 leht merevetikat

JUHISED:
a) Murdke merevetikaleht tükkideks.
b) Nüüd murra munad kaussi ja lisa sool koos piimaga, klopi kokku.
c) Aseta pann pliidile ja kuumuta vähese õliga, parem on, kui sul on mittenakkuva pann.
d) Vala sisse nii palju muna, et see kataks panni põhja ja puista seejärel vetikatega.
e) Kui muna on pooleldi valmis, rulli see kokku ja lükake pannile.
f) Järgmisena määrige vajadusel uuesti ja reguleerige kuumust, kui see on liiga kuum, asetage sisse veel üks õhuke kiht muna ja puista seemnega uuesti üle. Nüüd rulli esimene muna üle ühe küpsetuskoha ja aseta panni teisele küljele.
g) Korrake seda, kuni muna on valmis.
h) Tõsta lauale ja viiluta.

10.Korea punaste ubade pannkoogid (Hoddeok)

KOOSTISOSAD:
- 1 tass universaalset jahu
- 1/2 tassi leiget vett
- 1 spl suhkrut
- 1/2 tl aktiivset kuivpärmi
- Näputäis soola
- 1/2 tassi magusat punaste ubade pasta (poest ostetud või omatehtud)
- Taimeõli praadimiseks

JUHISED:
a) Lahusta kausis leiges vees suhkur ja pärm. Laske 5-10 minutit seista, kuni see muutub vahuks.
b) Sega eraldi kausis jahu ja sool. Lisa järk-järgult pärmisegu, sega kuni moodustub tainas.
c) Sõtku tainast paar minutit ühtlaseks ja elastseks. Kata kauss köögirätikuga ja lase soojas kohas kerkida umbes 1 tund või kuni see kahekordistub.
d) Kui tainas on kerkinud, jaga see ühesuurusteks pallideks.
e) Tasandage iga pall kätega ja asetage keskele lusikatäis magusat punaste ubade pasta.
f) Suruge servad kokku, et täidis taigna sees oleks tihendatud.
g) Kuumutage taimeõli pannil keskmisel kuumusel.
h) Aseta täidetud taignapallid pannile ja lameda need spaatliga, et moodustada pannkoogid.
i) Küpseta 3-4 minutit mõlemalt poolt või kuni see on kuldpruun ja krõbe.
j) Tõsta pannilt ja nõruta paberrätikutel, et eemaldada liigne õli.
k) Serveerige Korea punaste ubade pannkooke kuumalt meeldiva magusa hommikusöögina.

11.Kuum ja vürtsikas riisikook

KOOSTISOSAD:
- 4 tassi vett
- 6 × 8-tolline kuivatatud pruunvetikas
- 1-kilone silindrikujuline riisikook
- 7 suurt anšoovist, puhastatud
- ⅓ tassi Korea kuuma pipra pasta
- 3 talisibulat, lõigatud 3 tolli pikkusteks tükkideks
- 1 spl suhkrut
- ½ kilo kalakoogid
- 1 spl kuuma pipra helbeid
- 2 kõvaks keedetud muna

JUHISED:
a) Asetage pruunvetikas ja anšoovised madalale veega pannile ja kuumutage, keedes ilma kaaneta 15 minutit.
b) Sega väikeses kausis paprikahelbed kokku ja kleebi suhkruga.
c) Võtke pruunvetikas ja anšoovised pannilt välja ning pange sisse riisikook, piprasegu, sibulad, munad ja kalakoogid.
d) Puljongit peaks olema umbes 2 ½ tassi.
e) Kui see hakkab keema, segage õrnalt ja laske sellel 14 minutit pakseneda. Nüüd peaks see välja nägema läikiv.
f) Lisage veidi vett, kui riisikook ei ole pehme ja küpseta veidi kauem.
g) Kui olete valmis, lülitage kuumus välja ja serveerige.

12.Korea peekoni- ja munakook

KOOSTISOSAD:
LEIVA JAOKS
- ½ tassi piima
- ¾ tassi isekerkivat jahu või multijahu ¼ tl küpsetuspulbriga
- 4 tl suhkrut
- 1 muna
- 1 tl võid või oliiviõli
- ¼ teelusikatäit soola
- ¼ tl vaniljeessentsi

TÄIDISEKS
- 1 viil peekonit
- Soola maitse järgi
- 6 muna

JUHISED:
a) Kuumuta pliit temperatuurini 375°F.
b) Segage kausis, ¼ tl soola, jahu ja 4 tl suhkrut.
c) Murra muna segusse ja sega korralikult läbi.
d) Valage piim aeglaselt, väike kogus korraga, kuni see muutub paksuks.
e) Pihustage küpsetusvorm rasvainega, seejärel asetage jahusegu vormi peale, muutes selle kuueks ovaalseks või võite kasutada koogipaberi tasse.
f) Vormimisel tehke igasse auku väikesed süvendid ja lööge igasse auku või iga koogitopsi peale üks muna.
g) Tükelda peekon ja puista iga peale, kui käepärast on, lisa ka veidi peterselli.
h) Küpseta 12-15 minutit.
i) Võtke välja ja nautige.

13.Korea mereandide pannkoogid

KOOSTISOSAD:
PANNKOOKIDE JAOKS
- 2 keskmist muna
- 2 tassi pannkoogisegu, Korea
- ½ tl soola
- 1 ½ tassi vett
- 2 untsi karbid
- 12 keskmist sibulajuurt, lõigatud
- 2 untsi kalmaari
- ¾ tassi taimeõli
- 2 untsi krevetid, puhastatud ja välja töötatud
- 4 keskmist tšillipipart, viltu viilutatud

KASTE
- 1 spl äädikat
- 1 spl sojakastet
- 4 keskmist tšillipipart, viltu viilutatud
- ¼ teelusikatäit küüslauku
- 1 spl vett

JUHISED:
a) Lisage veekaussi veidi soola ning peske ja nõrutage mereannid, asetage kõrvale.
b) Seejärel segage eraldi kaussi kasutades vesi, punane ja roheline tšilli, sojakaste, küüslauk ja äädikas ühele poole.
c) Vahusta teises kausis munad, pannkoogisegu, külm vesi ja sool kreemjaks ühtlaseks massiks.
d) Pane pannile veidi määrida ja kuumuta.
e) Kasutage ½ tassi mõõtu ja valage segu kuumale pannile.
f) Segu ühtlustamiseks pühkige ringi, asetage nüüd peale 6 sibulatükki, lisage tšilli ja mereannid.
g) Suruge toit kergelt pannkoogi sisse, seejärel lisage peale veel ½ tassi segu.
h) Küpseta, kuni põhi on kuldne, umbes 5 minutit.
i) Nüüd keerake pannkook ettevaatlikult ümber, lisades servadele veidi õli ja küpseta veel 5 minutit.
j) Kui see on valmis, keerake tagasi ja võtke pannilt välja.
k) Tehke sama ülejäänud taignaga.

14.Korea tänava röstsai (Gilgeori-röstsai)

KOOSTISOSAD:
- 4 viilu leiba
- 2 suurt muna
- 2 supilusikatäit majoneesi
- 2 viilu sinki
- 2 viilu juustu
- 1/2 sibulat, õhukeselt viilutatud
- 1 väike porgand, julieneeritud
- Sool ja pipar maitse järgi
- Või praadimiseks
- Ketšup ja suhkur (valikuline, katmiseks)

JUHISED:
a) Klopi kausis lahti munad ning maitsesta soola ja pipraga.
b) Kuumuta pann keskmisel kuumusel ja sulata nupp võid.
c) Kasta iga leivaviil lahtiklopitud munadesse, kattes mõlemalt poolt.
d) Aseta munaga kaetud saiaviilud pannile ja küpseta mõlemalt poolt kuldpruuniks.
e) Kui leivaviilud on küpsed, määri iga viilu ühele poolele majoneesi.
f) Laota kahele viilule sink, juust, viilutatud sibul ja julieneeritud porgand.
g) Võileibade valmistamiseks tõsta peale ülejäänud viilud.
h) Soovi korral määri võileibadele ketšupit ja lisa magususe saamiseks puista peale veidi suhkrut.
i) Lõika võileivad diagonaalselt ja serveeri kuumalt.

SUUPÄID JA SUUPÖÖD

15.Korea maisikoerad (Hotteok-bungeo)

KOOSTISOSAD:
- 4 hot dogi või vorsti
- 4 puidust varrast
- 1 tass universaalset jahu
- 1 spl suhkrut
- 1 tl küpsetuspulbrit
- 1/2 teelusikatäit soola
- 1 suur muna
- 1/2 tassi piima
- Panko riivsai
- Õli praadimiseks
- Ketšup ja sinep (valikuline, kastmiseks)

JUHISED:
a) Pista puuvardad hot dogi või vorsti sisse.
b) Vahusta kausis jahu, suhkur, küpsetuspulber ja sool.
c) Klopi teises kausis muna ja piim hästi lahti.
d) Kasta iga hot dog jahusegusse, raputades maha kõik üleliigsed.
e) Kasta jahuga kaetud hot dog munasegusse, seejärel veereta seda panko riivsaias, kuni see on täielikult kaetud.
f) Korrake ülejäänud hot dogidega.
g) Kuumutage õli fritüüris või suures potis temperatuurini 350 °F (175 °C).
h) Asetage kaetud hot dogid ettevaatlikult kuuma õli sisse ja praege kuldpruuniks ja krõbedaks, umbes 3-4 minutit.
i) Tõsta õlist välja ja nõruta paberrätikutel.
j) Serveeri Korea maisikoeri kuumalt, soovi korral kastmiseks ketšupi ja sinepiga.

16.Kimbap (Korea merevetikariisirullid)

KOOSTISOSAD:
- 4 lehte merevetikaid (gim)
- 2 tassi keedetud lühiteralist riisi
- 1 spl seesamiõli
- 1 spl riisiäädikat
- 1 spl suhkrut
- Näputäis soola
- Erinevad täidised (nt keedetud spinat, porgand, kurk, imiteeritud krabipulgad ja marineeritud redis)

JUHISED:
a) Segage kausis keedetud riis, seesamiõli, riisiäädikas, suhkur ja sool, kuni see on hästi segunenud.
b) Asetage merevetikate leht bambusest sushimatile või puhtale köögirätikule.
c) Määri õhuke kiht maitsestatud riisi ühtlaselt merevetikatele, jättes ühele servale väikese äärise.
d) Asetage oma valitud täidised riisi keskele joonele.
e) Alustades täidisele lähimast servast, rulli vetikad ja riis tihedalt endast eemale, kasutades rulli vormimiseks matti või rätikut.
f) Pärast rulli keeramist sulgege serv vähese veega niisutades.
g) Korrake ülejäänud vetikalehtede ja täidistega.
h) Lõika iga rull suupärasteks tükkideks terava noaga.
i) Serveeri kimbapi meeldiva ja kaasaskantava suupiste või eelroana.

17. Twigim (Korea tempura)

KOOSTISOSAD:
- Erinevad köögiviljad (nt porgand, sibul, suvikõrvits, bataat)
- Erinevad mereannid (nt krevetid, kalmaar, kalafileed)
- Universaalne jahu
- Maisitärklis
- Külm vesi
- Sool ja pipar maitse järgi
- Õli praadimiseks
- Dipikaste (nt sojakaste või magus tšillikaste)

JUHISED:
a) Lõika köögiviljad ja mereannid suupärasteks tükkideks.
b) Sega kausis võrdsetes osades universaalne jahu ja maisitärklis. Lisa järk-järgult külma vett, kuni saavutad paksu, kuid valatava taigna konsistentsi.
c) Maitsesta taigen maitse järgi soola ja pipraga.
d) Kuumutage õli fritüüris või suures potis temperatuurini 350 °F (175 °C).
e) Kastke köögiviljad ja mereannid taignasse, katke need ühtlaselt.
f) Aseta kaetud tükid ettevaatlikult kuuma õli sisse ja prae kuldpruuniks ja krõbedaks, umbes 2-3 minutit.
g) Tõsta õlist välja ja nõruta paberrätikutel.
h) Serveeri twigimi kuumalt koos enda valitud dipikastmega.

18. Dakkochi (Korea kanavardad)

KOOSTISOSAD:
- 500 g kana rinna- või reieliha hammustavateks tükkideks lõigatud
- Puidust vardas, leotatud vees 30 minutit
- Marinaadi jaoks:
- 3 spl sojakastet
- 2 supilusikatäit mett
- 1 spl seesamiõli
- 1 spl hakitud küüslauku
- 1 spl gochujang (Korea tšillipasta)
- 1 spl riisiäädikat
- 1 tl riivitud ingverit
- Sool ja pipar maitse järgi

JUHISED:
a) Sega kausis kokku kõik marinaadi ained.
b) Lisa kanatükid marinaadile ja viska katteks. Katke ja hoidke külmkapis vähemalt 1 tund või parima tulemuse saavutamiseks üleöö.
c) Tõsta marineeritud kanatükid leotatud puuvarrastele.
d) Kuumuta grill või grillpann keskmisel-kõrgel kuumusel.
e) Grilli kanavardaid mõlemalt poolt 3-4 minutit või kuni need on läbiküpsenud ja kergelt söestunud.
f) Eemaldage grillilt ja serveerige dakkochi kuumalt koos lisamarinaadiga.

19.Kimchi ja sealiha kõhuga grillitud juustu röstsai

KOOSTISOSAD:
- 4 viilu leiba
- 1 tass kimchit, tükeldatud
- 100 g sea kõhtu õhukesteks viiludeks
- 1 tass riivitud mozzarella juustu
- Või määrimiseks

JUHISED:
a) Kuumuta mittenakkuva pann keskmisel kuumusel. Lisa seakõhuviilud ja küpseta mõlemalt poolt krõbedaks ja kuldpruuniks. Eemalda pannilt ja tõsta kõrvale.
b) Määri iga leivaviilu üks pool võiga.
c) Kahe saiaviilu võiga määrimata poolele lao kihiti tükeldatud kimchi, krõbedad seakõhuviilud ja riivitud mozzarella juust.
d) Tõsta peale ülejäänud saiaviilud, võiga määritud pool väljapoole.
e) Aseta võileivad pannile ja grilli, kuni leib on kuldpruun ja juust sulanud.
f) Keera võileivad ümber ja grilli ka teine pool kuldpruuniks.
g) Eemaldage pannilt, viilutage diagonaalselt ja serveerige kuumalt maitsva ja mõnusa hommikusöögina.

20.Korea praetud kanatiivad

KOOSTISOSAD:
- 12 kanatiiba, otsad eemaldatud ning trummid ja lamedad eraldatud
- Sool ja pipar maitse järgi
- Taigna jaoks:
- 1 tass universaalset jahu
- 1 tass maisitärklist
- 1 tl küpsetuspulbrit
- 1 tass külma vett
- Õli praadimiseks
- Kastme jaoks:
- 3 supilusikatäit gochujang (Korea tšillipasta)
- 2 spl sojakastet
- 2 supilusikatäit mett
- 1 spl riisiäädikat
- 1 spl seesamiõli
- 2 küüslauguküünt, hakitud
- 1 tl riivitud ingverit
- Kaunistuseks röstitud seesamiseemned ja hakitud roheline sibul

JUHISED:
a) Maitsesta kanakoivad soola ja pipraga.
b) Vahusta kausis kõik taigna koostisosad ühtlaseks massiks.
c) Kastke kanatiivad taignasse, katke need ühtlaselt.
d) Kuumutage õli fritüüris või suures potis temperatuurini 350 °F (175 °C).
e) Aseta taignaga kanatiivad ettevaatlikult kuuma õli sisse ja prae portsjonitena 10–12 minutit või kuni need on kuldpruunid ja läbiküpsenud.
f) Tõsta õlist välja ja nõruta paberrätikutel.
g) Eraldi kausis sega omavahel kõik kastme ained.
h) Viska praetud kanatiivad kastmes ühtlase kattekihini.
i) Tõsta serveerimisvaagnale ja kaunista röstitud seesamiseemnete ja hakitud rohelise sibulaga.
j) Serveerige Korea praetud kanatiibu kuumalt maitsva ja sõltuvust tekitava suupistena.

21.Kimchi Mandu (Kimchi pelmeenid)

KOOSTISOSAD:
- 1 tass kimchi, peeneks hakitud
- 200 g sea- või veiseliha
- 1/2 tassi tofut, nõrutatud ja püreestatud
- 2 küüslauguküünt, hakitud
- 1 tl sojakastet
- 1 tl seesamiõli
- 1/2 tl suhkrut
- 1/4 tl musta pipart
- 1 pakk pelmeeni ümbriseid (gyoza või mandu nahad)
- Vesi (pelmeenide sulgemiseks)
- Taimeõli (praadimiseks või aurutamiseks)
- Sojakaste või äädikaste (valikuline, serveerimiseks)

JUHISED:
a) Segage suures kausis tükeldatud kimchi, sea- või veiseliha, purustatud tofu, hakitud küüslauk, sojakaste, seesamiõli, suhkur ja must pipar, kuni see on hästi segunenud.
b) Asetage väike kogus täidist pelmeeniümbrise keskele.
c) Niisutage ümbrise servi veega, seejärel voldi ja voldi, et pelmeen tihendada.
d) Korrake ülejäänud täidise ja ümbristega.
e) Pelmeenide praadimiseks kuumuta pannil keskmisel kuumusel taimeõli. Lisa pelmeenid ühe kihina ja küpseta, kuni need on pealt kuldpruunid ja krõbedad. Pöörake ja küpsetage teine pool kuldpruuniks ja krõbedaks. Teise võimalusena võite pelmeene tervislikuma valiku saamiseks aurutada.
f) Serveeri kimchi mandu kuumalt koos soja dipikastme või äädikakastmega.

22.Korea maisi juust

KOOSTISOSAD:
- 2 tassi maisiterad (värsked, külmutatud või konserveeritud)
- 1 tass riivitud mozzarella juustu
- 1/4 tassi majoneesi
- 1/4 tassi hakitud rohelist sibulat
- 1 spl soolata võid
- Sool ja pipar maitse järgi

JUHISED:
a) Kuumuta ahi temperatuurini 375 °F (190 °C).
b) Sega kausis maisiterad, riivitud mozzarella juust, majonees, hakitud roheline sibul, sool ja pipar. Segage, kuni see on hästi segunenud.
c) Tõsta segu ahjuvormi.
d) Määri ülemine osa soolata võiga.
e) Küpseta eelkuumutatud ahjus 20-25 minutit või kuni juust on sulanud ja mullitav ning pealt kuldpruun.
f) Serveerige Korea maisi juustu kuumalt maitsva ja lohutava suupiste või eelroana.

23.Korea kalakoogivardad (Odeng)

KOOSTISOSAD:
- 10-12 kalakoogi viilu
- 2 tassi vett
- 2 spl sojakastet
- 1 spl mirin (Jaapani riisivein) või riisivein
- 1 spl suhkrut
- 1 tl gochujang (Korea tšillipasta) või tšillihelbed (valikuline)
- Puidust vardas, leotatud vees 30 minutit

JUHISED:
a) Aja potis vesi keema.
b) Lisa keevasse vette sojakaste, mirin, suhkur ja gochujang (kui kasutad) ning sega, kuni suhkur on lahustunud.
c) Alanda kuumust ja lisa keevale puljongile kalakoogiviilud.
d) Hauta umbes 5 minutit või kuni kalakoogid on läbi kuumenenud ja osa leemest maitseid endasse imenud.
e) Eemaldage kalakoogid puljongist ja laske neil veidi jahtuda.
f) Tõsta kalakoogiviilud leotatud puuvarrastele.
g) Serveeri odengi vardad kuumalt, kastmiseks soovi korral koos keeva puljongiga.

24.Hotteok köögiviljade ja nuudlitega

KOOSTISOSAD:
TAIGNA JAOKS
- 2 tl kuivpärmi
- 1 tass sooja vett
- ½ tl soola
- 2 tassi universaalset jahu
- 2 spl suhkrut
- 1 spl taimeõli

TÄIDISEKS
- 1 spl suhkrut
- 3 untsi maguskartulitärklise nuudlid
- ¼ tl jahvatatud musta pipart
- 2 spl sojakastet
- 3 untsi Aasia murulauku, lõigatud väikeseks
- 1 keskmine sibul, väikesteks kuubikuteks
- 1 tl seesamiõli
- 3 untsi porgand, väikesteks kuubikuteks
- Õli toiduvalmistamiseks

JUHISED:

a) Taigna valmistamiseks blenderda kausis suhkur, pärm ja soe vesi, sega kuni pärm on sulanud, nüüd sega 1 spl taimeõli ja sool, sega korralikult läbi.
b) Sega juurde jahu ja sega tainaks, kui see on ühtlane, lase 1 ¼ tundi seista, et kerkida, tõsta kerkimise ajal õhk välja, kata ja tõsta ühele poole.
c) Samal ajal keeda potis vett ja keeda nuudlid, aeg-ajalt sega, keeda kaanega 6 minutit.
d) Värskendage külma vee all, kui need muutuvad pehmeks, seejärel nõrutage.
e) Lõika need kääridega ¼-tollisteks tükkideks.
f) Lisa suurele pannile või vokkile 1 spl õli ja prae nuudleid 1 minut, nüüd lisa segades suhkur, sojakaste ja must pipar.
g) Lisa murulauk, porgand ja sibul ning sega korralikult läbi.
h) Kui olete valmis, võtke kuumusest maha.
i) Seejärel asetage 1 supilusikatäis õli teisele pannile ja kuumutage, kui see on kuum, vähendage kuumust keskmisele tasemele.
j) Määri käsi õliga, võta ½ tassi tainast ja suru tasaseks ümaraks vormiks.
k) Nüüd lisa veidi täidist ja murra servad palliks, sulgedes servad.
l) Asetage pannile suletud ots allapoole, küpseta 30 sekundit, seejärel keerake see ümber ja suruge see alla nii, et see muutuks umbes 4 tolli ümmarguseks, tehke seda spaatliga.
m) Küpseta veel 2-3 minutit, kuni see muutub pealt krõmpsuvaks ja kuldseks.
n) Liigse rasva eemaldamiseks asetage see köögipaberile ja korrake ülejäänud taignaga.
o) Serveeri kuumalt.

25.Korea riisipall (Jumeokbap)

KOOSTISOSAD:
- 2 tassi keedetud lühiteralist riisi
- 1 spl seesamiõli
- 1 spl sojakastet
- 1 tl suhkrut
- 1/2 tassi keedetud ja tükeldatud kana (või mõni muu teie valitud valk)
- 1/4 tassi peeneks hakitud köögivilju (nt porgand, kurk ja redis)
- Röstitud merevetikalehed (gim), lõigatud õhukesteks ribadeks
- Kaunistuseks seesamiseemned

JUHISED:
a) Segage kausis keedetud riis, seesamiõli, sojakaste ja suhkur, kuni see on hästi segunenud.
b) Võtke peotäis maitsestatud riisi ja vormige see palliks.
c) Tee riisipalli keskele väike süvend ning täitke see tükeldatud kana ja tükeldatud köögiviljadega.
d) Sulgege süvend ja vormige õrnalt riisipall, et kõik kokku kleepuks.
e) Mähi riisipall röstitud vetikaribaga ja puista kaunistuseks seesamiseemneid.
f) Korrake sama ülejäänud riisi ja täidise koostisosadega, et saada rohkem riisipalle.
g) Serveerige Korea riisipalle kaasaskantava ja rahuldava hommikusöögivalikuna.

26.Vegan Bulgolgi võileib

KOOSTISOSAD:
- ½ keskmist sibulat, viilutatud
- 4 väikest hamburgeri kuklit
- 4 punast salatilehte
- 2 tassi soja lokke
- 4 viilu vegan juustu
- Orgaaniline majonees

MARINAADIKS
- 1 spl seesamiõli
- 2 spl sojakastet
- 1 tl seesamiseemneid
- 2 spl agaavi või suhkrut
- ½ tl jahvatatud musta pipart
- 2 sibulat, hakitud
- ½ Aasia pirni, soovi korral kuubikuteks
- ½ supilusikatäit valget veini
- 1-2 rohelist Korea tšillipipart, tükeldatud
- 2 küüslauguküünt, purustatud

JUHISED:
a) Tee soja lokid vastavalt pakendil olevatele juhistele.
b) Järgmisena pane kõik marinaadi koostisosad kokku suurde kaussi ja blenderda kastmeks.
c) Eemaldage vesi soja lokkidest õrnalt pigistades.
d) Lisage marinaadisegule lokid koos viilutatud sibulaga ja katke kõik.
e) Lisage kuumale pannile 1 spl õli, seejärel lisage kogu segu ja praege 5 minutit, kuni sibul ja lokid on kuldsed ning kaste pakseneb.
f) Samal ajal rösti leival hamburgeri kuklid juustuga.
g) Määri peale majonees, seejärel lokkide segu ja viimistle salatilehega.

27.Korea pliidipealsed pähklikoogid

KOOSTISOSAD:
- 1 purk azuki punaseid ube
- 1 tass pannkoogisegu või vahvlisegu
- 1 tl vaniljeekstrakti
- 1 spl suhkrut
- 1 pakk kreeka pähkleid

JUHISED:
a) Valmistage pannkoogisegu täiendava suhkruga vastavalt pakendi juhistele.
b) Kui segu on valmis, asetage tilaga anumasse.
c) Kasutades 2 koogipanni, kui sul pole, võid kasutada muffinivorme, kuumutada pliidil madalal kuumusel, need kõrbevad kõrgelt.
d) Lisage segu esimesse vormi, kuid täitke ainult poolenisti.
e) Lisage kiiresti 1 kreeka pähkel ja 1 teelusikatäis punast uba igale poole ja asetage ülejäänud segu teise vormi.
f) Järgmisena keerake esimene vorm teise ülaosa peale, asetades vormid üles, küpsetage veel 30 sekundit, kui teine vorm on küpsenud, võtke tulelt maha.
g) Nüüd võta ülemine vorm ära ja seejärel tõsta koogid serveerimisvaagnale.

28. Tänav Toast Sandwich

KOOSTISOSAD:
- ⅔ tassi kapsast, lõigatud õhukesteks ribadeks
- 4 viilu saia
- 1 spl soolavõid
- ⅛ tassi porgandeid, lõigatud õhukesteks ribadeks
- 2 muna
- ¼ teelusikatäit suhkrut
- ½ tassi kurki, õhukesteks viiludeks
- Ketšup maitse järgi
- 1 spl toiduõli
- Majonees maitse järgi
- ⅛ teelusikatäis soola

JUHISED:
a) Suures kausis purustage munad soolaga, seejärel lisage porgand ja kapsas, segades omavahel.
b) Valage õli sügavale pannile ja kuumutage.
c) Lisage pool segust pannile ja tehke 2 pätsivormi, hoides neid eraldi.
d) Nüüd lisa ülejäänud munasegu pannil oleva 2 peale, see annab hea kuju.
e) Küpseta 2 minutit, seejärel keera ümber ja küpseta veel 2 minutit.
f) Lahustage pool võist eraldi pannil, kui see on kuum, pange kaks saiaviilu sisse ja keerake ümber, et mõlemad pooled võid imaksid, jätkake küpsetamist, kuni see on mõlemalt poolt kuldne, umbes 3 minutit.
g) 7.Korrake sama ülejäänud 2 viiluga.
h) Pärast küpsetamist asetage serveerimisvaagnatele ja lisage igale poole suhkrut.
i) Võta praemunasegu ja laota leivale.
j) Lisa kurk ning aseta peale ketšup ja majonees.
k) Aseta peale teine saiaviil ja lõika kaheks osaks.

29. Friteeritud köögivili

KOOSTISOSAD:
- 1 värske punane tšilli, ülalt alla pooleks lõigatud
- 1 suur porgand kooritud ja ⅛ ribadeks lõigatud
- 2 kobarat enoki seeni, eraldatud
- 1 suvikõrvits, lõigatud ⅛ batoonideks
- 4 sibulat, lõigatud 2 tolli pikkuseks
- 6 küüslauguküünt, õhukeseks viilutatud
- 1 keskmine bataat, tükkideks lõigatud
- 1 keskmine kartul, lõigatud ribadeks
- Taimeõli praadimiseks

TAIGNA JAOKS
- ¼ tassi maisitärklist
- 1 tass universaalset jahu
- 1 muna
- ¼ tassi riisijahu
- 1 ½ tassi jääkülma vett
- ½ tl soola

KASTE
- 1 küüslauguküünt
- ½ tassi sojakastet
- 1 sibul
- ½ tl riisiäädikat
- ¼ tl seesamiõli
- 1 tl pruuni suhkrut

JUHISED:
a) Asetage pott vett keema.
b) Pane porgandid ja mõlemad kartuliliigid vette, tõsta tulelt ja jäta 4 minutiks seisma, seejärel eemalda veest, loputa, nõruta ja kuivata majapidamispaberiga.
c) Blenderda kaussi sibulad, suvikõrvits, küüslauk ja punane pipar ning viska hästi läbi.
d) Taigna jaoks kõik kuivained.
e) Nüüd klopi vesi ja munad kokku, lisa kuivainetele ja sega korralikult taignaks.
f) Järgmisena valmista kaste, vahustades omavahel suhkru, äädika, soja ja seesamiõli.
g) Tükelda sibul ja küüslauk peeneks ning sega seejärel sojasegusse.
h) Lisage vokkpannile või sügavale pannile piisavalt õli, õli peaks olema umbes 3 tolli sügav.
i) Kui õli on kuum, lase köögiviljad taignast läbi, lase üleliigsel maha tilkuda, seejärel prae 4 minutit.
j) Nõruta ja kuivata majapidamispaberil kui valmis.
k) Serveeri koos kastmega.

PÕHIROOG

30.Bibimbap (segatud riisikauss)

KOOSTISOSAD:
- 2 tassi keedetud lühiteralist riisi
- 200 g veiseliha (bulgogi stiilis, õhukeselt viilutatud)
- 1 porgand, julieneeritud
- 1 suvikõrvits, julieneeritud
- 1 tass spinatit
- 1 tass oa idandeid
- 4 shiitake seeni, viilutatud
- 4 muna
- seesamiõli
- Sojakaste
- Sool ja pipar maitse järgi
- Gochujang (Korea tšillipasta), serveerimiseks
- Röstitud seesamiseemned, kaunistuseks
- Viilutatud roheline sibul, kaunistuseks

JUHISED:
a) Marineerige veiseliha seesamiõli, sojakastme, soola ja pipra segus umbes 30 minutit.
b) Blanšeeri spinatit ja oa idandeid keevas vees eraldi umbes 1 minut. Nõruta ja pigista liigne vesi välja. Maitsesta kergelt soola ja seesamiõliga.
c) Kuumuta pannil keskmisel kuumusel veidi õli. Prae marineeritud veiseliha segades kuni küpsemiseni. Kõrvale panema.
d) Prae samal pannil porgandid, suvikõrvits ja shiitake seened pehmeks. Maitsesta soola ja pipraga.
e) Prae munad päikesepaisteline pool üleval või liiga kergelt.
f) Kokkupanemiseks pane kaussi portsjon riisi. Laota peale keedetud veiseliha, köögiviljad ja praemuna.
g) Serveeri kuumalt, gochujang'iga kõrvale. Sega kõik enne söömist omavahel läbi ning kaunista seesamiseemnete ja viilutatud rohelise sibulaga.

31.Kimchi Jjigae (Kimchi hautis)

KOOSTISOSAD:
- 1 tass kimchit, tükeldatud
- 200g sea kõhuliha või sea abatükk, viilutatud
- 1 sibul, viilutatud
- 2 küüslauguküünt, hakitud
- 1 spl gochujang (Korea tšillipasta)
- 1 spl gochugaru (Korea tšillihelbed)
- 1 spl sojakastet
- 1 spl seesamiõli
- 1 spl toiduõli
- 2 tassi vett või veiselihapuljongit
- 1 plokk tofu, lõika kuubikuteks
- Roheline sibul, hakitud (kaunistuseks)
- Pehme tofu (valikuline)

JUHISED:
a) Kuumuta potis toiduõli keskmisel kuumusel. Lisa sealihaviilud ja küpseta, kuni need on kergelt pruunid.
b) Lisa hakitud küüslauk ja viilutatud sibul. Prae kuni lõhnavad ja sibulad on läbipaistvad.
c) Sega juurde tükeldatud kimchi, gochujang ja gochugaru. Küpseta paar minutit, et maitsed sulaksid.
d) Vala vesi või veiselihapuljong ja aja keema. Alanda kuumust ja lase podiseda umbes 15-20 minutit.
e) Lisa hautisele tofukuubikud ja hauta veel 5 minutit.
f) Maitse ja maitsesta vajadusel sojakastmega.
g) Tõsta tulelt ja nirista peale seesamiõli.
h) Serveeri kuumalt, kaunistatud hakitud rohelise sibulaga. Soovi korral lisage hautisele enne serveerimist veidi pehmet tofut, et saada tekstuuri ja maitset.

32.Dakgalbi (vürtsikas praetud kana)

KOOSTISOSAD:
- 500 g kondita, nahata kanakintsu, lõigatud hammustuste suurusteks tükkideks
- 2 supilusikatäit gochujang (Korea tšillipasta)
- 1 spl sojakastet
- 1 spl mirini (või riisiveini)
- 1 spl mett
- 1 spl seesamiõli
- 2 küüslauguküünt, hakitud
- 1 sibul, viilutatud
- 1 bataat, kooritud ja õhukesteks viiludeks
- 1 porgand, kooritud ja õhukesteks viiludeks
- 1 tass kapsast, hakitud
- 2 rohelist sibulat, hakitud
- Kaunistuseks seesamiseemned
- Taimeõli toiduvalmistamiseks

JUHISED:
a) Sega kausis kokku gochujang, sojakaste, mirin, mesi, seesamiõli ja hakitud küüslauk marinaadi valmistamiseks.
b) Lisa kanatükid marinaadile ja sega, kuni need on hästi kaetud. Lase marineerida vähemalt 30 minutit.
c) Kuumuta suurel pannil või pannil keskmisel kuumusel veidi taimeõli. Lisa marineeritud kana ja küpseta, kuni see hakkab pruunistuma.
d) Lisa pannile viilutatud sibul, bataat ja porgand. Prae segades, kuni köögiviljad on veidi pehmenenud.
e) Lisa hakitud kapsas ja jätka segades praadimist, kuni kõik koostisosad on läbi küpsenud ja kastmega kaetud.
f) Enne serveerimist puista dakgalbi peale hakitud rohelist sibulat ja seesamiseemneid.
g) Serveeri kuumalt koos aurutatud riisiga.

33.Korea karri riis

KOOSTISOSAD:
- 1 keskmine porgand, kooritud ja kuubikuteks lõigatud
- 7 untsi veiseliha, tükeldatud
- 2 sibulat, hakitud
- 2 kartulit, kooritud ja kuubikuteks lõigatud
- ½ tl küüslaugupulbrit
- Maitsestamine maitse järgi
- 1 keskmine suvikõrvits, tükeldatud
- Taimeõli toiduvalmistamiseks
- 4 untsi karrikastme segu

JUHISED:
a) Aseta vokkpannile või sügavale pannile veidi õli ja kuumuta.
b) Maitsesta veiseliha ja aseta õli, sega ja küpseta 2 minutit.
c) Järgmisena lisa sibul, kartul, küüslaugupulber ja porgand, prae veel 5 minutit, seejärel lisa suvikõrvits.
d) Valage 3 tassi vett ja kuumutage, kuni see hakkab keema.
e) Keera kuumus madalamaks ja keeda madalal kuumusel 15 minutit.
f) Lisa aeglaselt karrisegu, kuni see muutub paksuks.
g) Vala peale riis ja naudi.

34.Kimchi praetud riis (Kimchi Bokkeumbap)

KOOSTISOSAD:
- 2 tassi keedetud riisi, eelistatavalt ühepäevast
- 1 tass kimchit, tükeldatud
- 2 spl kimchi mahla
- 2 küüslauguküünt, hakitud
- 2 rohelist sibulat, hakitud
- 2 spl taimeõli
- 1 spl sojakastet
- 1 tl seesamiõli
- 1 tl suhkrut
- Kaunistuseks röstitud seesamiseemned
- Praemuna (valikuline)

JUHISED:
a) Kuumuta taimeõli suurel pannil või wokis keskmisel-kõrgel kuumusel. Lisa hakitud küüslauk ja hakitud kimchi. Prae segades 2-3 minutit, kuni see lõhnab.
b) Lisa pannile keedetud riis. Purusta kõik tükid ja prae koos kimchi seguga läbi.
c) Sega juurde kimchi mahl, sojakaste, seesamiõli ja suhkur. Jätkake segades praadimist veel 3-4 minutit, kuni kõik on hästi segunenud ja läbi kuumenenud.
d) Tõsta tulelt ja kaunista hakitud rohelise sibula ja röstitud seesamiseemnetega.
e) Serveeri kuumalt, lisades lisavalgust ja maitset, lisades soovi korral praemuna.

35.Gyeranbap röstitud merevetikatega

KOOSTISOSAD:
- 1 tass keedetud valget riisi, eelistatavalt värsket
- 2 tl röstitud seesamiõli
- ¾ teelusikatäit sojakastet ja rohkem maitse järgi
- 2 suurt muna
- 1 (5-grammine) pakk, purustatud kätega
- Kapparid, serveerimiseks
- Värskelt jahvatatud must pipar

JUHISED:
a) Lisa riis keskmisesse kaussi ja tõsta kõrvale.
b) Kuumuta keskmisel mittenakkuval pannil seesamiõli ja sojakaste kõrgel kuumusel. Murdke sisse munad. Vähendage kuumust, kui pritsmeid on liiga palju, aga muul juhul lihtsalt küpseta, kuni valged on padjastunud, servadest kergelt krõmpsunud ja munakollase ümber olev valge ala ei ole enam vedel, umbes 1 minut (kui teie pann on piisavalt kuum; kauem, kui ei ole). Samuti peaks sojakaste valgeid määrima ja mullitama, muutudes kleepuvaks glasuuriks.
c) Libistage praetud munad riisi peale, dušitage kreemiga ja lisage paar kapparit. Maitsesta pipraga. Sega kõik enne maitsmist lusikaga läbi. Siin saate maitsestamist kohandada, lisades vajadusel rohkem sojakastet.

36.Veiseliha Bulgogi

KOOSTISOSAD:
- 2 ½ supilusikatäit valget suhkrut
- 1 nael õhukeseks viilutatud küljepraad
- ¼ tassi talisibul, hakitud
- 5 spl sojakastet
- 2 spl hakitud küüslauku
- ½ tl jahvatatud musta pipart
- 2 spl seesamiõli
- 2 spl seesamiseemneid

JUHISED:
a) Asetage liha madala küljega nõusse.
b) Blenderda kausis suhkur, küüslauk, sojakaste, seesamiseemned ja õli, sibula ja musta pipraga.
c) Nirista veiselihale ja kaanega, seejärel lase külmkapis 60 minutit, mida kauem, seda parem, isegi üleöö.
d) Kui olete valmis, soojendage grill või BBQ ja õlitage rest.
e) Grillige liha kuumalt 2 minutit mõlemalt poolt ja serveerige.

37.Doenjang köögiviljahautis/Doenjang-Jjigae

KOOSTISOSAD:
- 600 ml (2 tassi) vett
- 12 cm (4½ tolli) ruudukujuline dasima merevetikas (kombu)
- 1 porgand
- 1 sibul
- ½ suvikõrvitsat (suvikõrvits)
- ½ porrulauk (valge osa)
- 150 g (5½ untsi) mangadaki seeni (shimeji) või nööbiseent
- ½ rohelist tšillit
- 100 g (3½ untsi) doenjang fermenteeritud sojaoapasta
- 250 g (9 untsi) tahket tofut
- 1 tl gochugaru tšillipulbrit (valikuline)

JUHISED:
a) Kuumuta vesi kastrulis kõrgel kuumusel. Puhastage dasima vetikatükk voolava vee all ja lisage see kastrulisse.
b) Lõika porgand 1 cm (½ tolli) paksusteks neljandikku. Haki sibul jämedalt. Kui vesi keeb, lisa porgand ja sibul.
c) Lõika suvikõrvits 1,5 cm (⅝ tolli) paksusteks neljandikuteks ja lisa need puljongile niipea, kui keemine jätkub. Küpseta 10 minutit. Vahepeal lõika porru 1 cm (½ tolli) paksusteks diagonaalseteks viiludeks ja tofu
d) 2 cm (¾ tolli) paksused kuubikud. Eemalda mangadaki seente varred ja pese need (nööbiseente puhul lõika neljaks). Lõika tšilli 1 cm (½ tolli) paksusteks viiludeks ja peske hästi jooksva vee all, eemaldades samal ajal seemned.
e) 10 minuti pärast lisa doenjang, porrulauk, seened, tofu ja tšilli. Kui keetmine jätkub, keetke 5 minutit. Lõpetage maitsestamine, lisades oma maitsele rohkem doenjangi. Vürtsikama versiooni saamiseks lisa gochugaru tšillipulbrit.

38.Korea BBQ lühikesed ribid

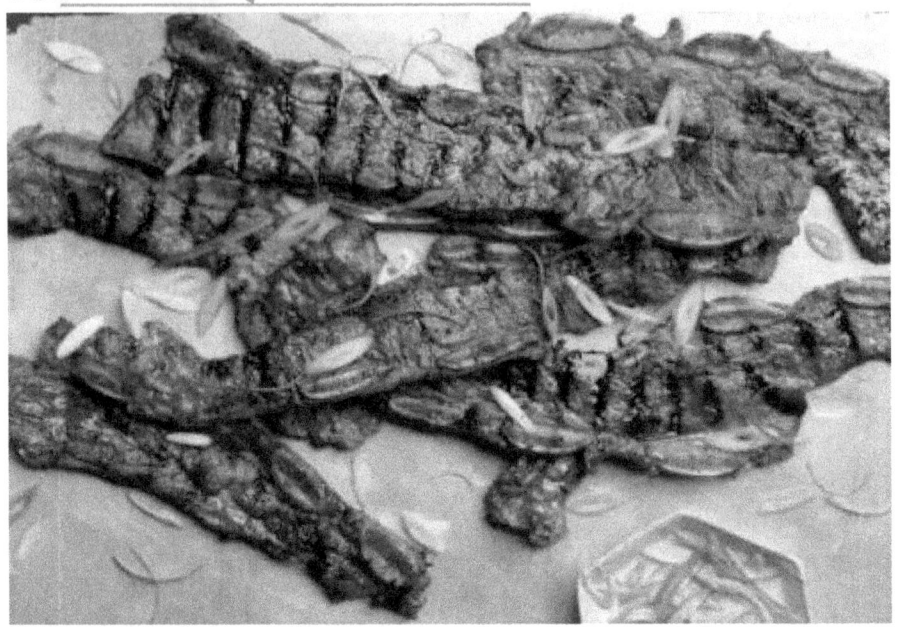

KOOSTISOSAD:
- 3 supilusikatäit valget äädikat
- ¾ tassi sojakastet
- ¼ tassi tumepruuni suhkrut
- ¾ tassi vett
- 1 spl musta pipart
- 2 spl valget suhkrut
- ¼ tassi hakitud küüslauku
- 3 naela Korea stiilis lühikesed ribid, mis on läbi luude lõigatud
- 2 spl seesamiõli
- ½ suurt sibulat, hakitud

JUHISED:
a) Sega klaas- või roostevabast terasest kausis kokku äädikas, sojakaste ja vesi.
b) Nüüd klopi sisse kaks suhkrut, õli, sibul, pipar ja küüslauk, vahusta, kuni suhkrud on sulanud.
c) Aseta ribid kastmesse ja kata toidukilega, pane külmkappi vähemalt 7 tunniks.
d) Kuumuta aiagrill, kui olete küpsetamiseks valmis.
e) Võtke ribid marinaadist välja ja grillige 6 minutit mõlemalt poolt, kui olete valmis, roogige.

39.Doenjang Jjigae (sojaoapasta hautis)

KOOSTISOSAD:
- 1 spl seesamiõli
- 1 sibul, viilutatud
- 2 küüslauguküünt, hakitud
- 1 suvikõrvits, viilutatud
- 1 kartul, kooritud ja kuubikuteks lõigatud
- 1 tass tofut, kuubikuteks
- 3 supilusikatäit doenjang
- 6 tassi vett või köögiviljapuljongit
- Roheline sibul, hakitud (kaunistuseks)

JUHISED:
a) Kuumuta potis seesamiõli ning prae küüslauk ja sibul lõhnavaks.
b) Lisa suvikõrvits, kartul ja tofu. Sega paar minutit.
c) Lahusta doenjang vees või puljongis ja lisa potti.
d) Kuumuta keemiseni, seejärel hauta, kuni köögiviljad on pehmed.
e) Enne serveerimist kaunista hakitud rohelise sibulaga.

40.Korea kana

KOOSTISOSAD:
- 2 spl seesamiseemneid
- 1–3 naela terve kana
- ⅛ teelusikatäis soola
- ¼ tassi sojakastet
- 1 sibul, hakitud
- ⅛ tl jahvatatud musta pipart
- 1 küüslauguküünt
- 1 spl valget suhkrut
- 1 tl maapähklivõid
- 1 tl naatriumglutamaati

JUHISED:
a) Võtke kana terava noaga luude küljest lahti.
b) Viilutage liha ⅛ tolli paksusteks, 2 tolli ruudukujulisteks viiludeks, asetage liha sojakastmega kaussi.
c) Prae seesamiseemned kuival pannil, pane puukaussi, kui need hakkavad paisuma, ja lisa soola.
d) Järgmisena purusta seemned lusikaseljaga.
e) Kui see muutub peeneks, segage küüslauk, pipar, suhkur, sibul, mononaatrium ja õli hästi kokku.
f) Sega kanaliha sojakastmega ja lase 30 minutit marineerida.
g) Kasuta sama panni nagu varem ja prae madalal kuumusel kaanel.
h) Kui see muutub pehmeks, on see valmis, võite vajada veidi vett, et hoida seda küpsetamise ajal niiskena.

41. Doenjang Chigae Bokkeum

KOOSTISOSAD:
- 2 supilusikatäit doenjang
- 1 spl gochujang (Korea punase pipra pasta)
- 1 spl sojakastet
- 1 spl suhkrut
- 1 spl seesamiõli
- Erinevad köögiviljad (seened, paprika, porgandid jne)
- 2 küüslauguküünt, hakitud
- 1 spl taimeõli

JUHISED:
a) Sega kausis doenjang, gochujang, sojakaste, suhkur ja seesamiõli.
b) Kuumutage pannil taimeõli ja praege küüslauk lõhnavaks.
c) Lisa köögiviljasortiment ja prae segades kergelt pehmeks.
d) Valage doenjangi segu köögiviljadele ja segage, kuni see on hästi kaetud.
e) Küpseta, kuni köögiviljad on täielikult küpsed. Serveeri kuumalt.

42.Grillitud sealiha Maekjeok/Maekjeok

KOOSTISOSAD:
- 3 rohelist porrulehte
- 700 g (1 naela 9 untsi) sea aba (kondiga)
- 80 g (2¾ untsi) doenjang fermenteeritud sojaoapasta
- 2 spl matganjang kastet
- 3 supilusikatäit konserveeritud sidrunit
- 1 tl jahvatatud ingverit
- 2 spl valget alkoholi (soju või džinn)
- 1 spl seesamiõli

JUHISED:
a) Lõika porru lehed 7 cm (2¾ tolli) tükkideks. Lõika sea abatükk 2 cm (¾ tolli) paksusteks viiludeks. Lõika igale viilule noaga mõlemalt poolt skoor, moodustades ruudustiku. Olge ettevaatlik, et mitte viiludest läbi lõigata. Sega lihaviilud ja porrutükid doenjang, mat ganjang, konserveeritud sidruni, ingveri, alkoholi ja seesamiõliga.

b) Kuumuta ahi 180°C-ni (350°F). Aseta sealihaviilud ilma kattumiseta grillrestile, mille all on praepann. Aseta porrutükid soovi korral liha ümber koos mõne viilu konserveeritud sidruniga. Küpseta 30 minutit.

c) Pärast ahjust väljavõtmist visake porrutükid ära. Lõika liha kääride abil väikesteks tükkideks. Soovi korral võite seda süüa nagu ssambapi.

43.Korea praad

KOOSTISOSAD:
- 5 spl valget suhkrut
- 2 naela scotch filee, õhukesteks viiludeks
- 2 ½ supilusikatäit seesamiseemneid
- ½ tassi sojakastet
- 2 küüslauguküünt, purustatud
- 2 spl seesamiõli
- 5 spl mirin, Jaapani magus vein
- 3 õhukeseks viilutatud šalottsibulat

JUHISED:
a) Sega kokku seesamiseemned ja õli, küüslauk, sojakaste, šalottsibul, suhkur ja mirin.
b) Aseta liha kastmesse ja sega liha hulka, kata kaanega ja aseta 12 tunniks külmkappi.
c) Kui olete valmis, kuumutage pann keskmisel kuumusel ja praege liha 6-8 minutit või kuni see on küps.
d) Serveeri praetud riisi või salatiga.

44.Doenjang Bulgogi (sojaoapastaga marineeritud veiseliha)

KOOSTISOSAD:
- 1 nael õhukeselt viilutatud veiseliha
- 3 supilusikatäit doenjang
- 2 spl sojakastet
- 2 spl suhkrut
- 1 spl seesamiõli
- 2 küüslauguküünt, hakitud
- 1 spl riivitud ingverit
- Must pipar, maitse järgi
- Seesamiseemned (kaunistuseks)

JUHISED:
a) Sega kausis doenjang, sojakaste, suhkur, seesamiõli, küüslauk, ingver ja must pipar.
b) Marineeri veiseliha segus vähemalt 30 minutit.
c) Kuumuta pann ja prae segades marineeritud veiseliha küpseks.
d) Enne serveerimist kaunista seesamiseemnetega.

45.Kimchi makrell/Godeungeo Kimchi-Jorim

KOOSTISOSAD:
- 500 g (1 nael 2 untsi) makrelli ½ sibulat
- 10 cm (4 tolli) porrulauk (valge osa)
- 30 g (1 unts) vürtsikat marinaadi
- 25 g (1 unts) doenjang fermenteeritud sojaoapastat
- 2 supilusikatäit mat ganjang kastet
- 1 spl ingverisiirupit
- 50 ml (nõrk ¼ tassi) valget alkoholi (soju või džinn)
- 400 g (14 untsi) hiina kapsa kimchi
- 300 ml (1¼ tassi) vett

JUHISED:
a) rookige makrell; lõika ära pea, uimed ja saba.
b) Lõika iga makrell kolmeks osaks. Lõika sibul 1 cm (½ tolli) laiusteks viiludeks. Lõika porru diagonaalselt 1 cm (½ tolli) paksusteks osadeks.
c) Valmista kaste, segades kokku vürtsikas marinaad, doenjang, matt ganjang, ingverisiirup ja alkohol.
d) Asetage kimchi ilma seda lõikamata kastruli põhja (ideaaljuhul terve ¼ kapsast). Lisa makrellitükid kimchi peale. Vala vesi, seejärel kaste, jälgides, et kala oleks korralikult kaetud. Lisa sibul. Kuumuta kõrgel kuumusel, osaliselt kaanega, keemiseni, seejärel keeda keskmisel või madalal kuumusel 30 minutit. Lisa porru ja sega koostisosad õrnalt ainult üks kord. Hauta veel 10 minutit.

46.Korea vürtsikas marineeritud sealiha

KOOSTISOSAD:
- ½ tassi Korea kuuma pipra pasta
- ¼ tassi riisiveini äädikat
- 3 spl hakitud küüslauku
- 2 spl sojakastet
- 2 spl punase pipra helbeid
- 3 supilusikatäit valget suhkrut
- ½ tl musta pipart
- 3 supilusikatäit hakitud värsket ingverit
- 3 talisibulat, lõigatud 2 tolli pikkusteks tükkideks
- 1–2-naelane seafilee, viilutatud ¼ tolli paksusteks viiludeks
- ½ kollast sibulat, lõigatud ¼ tolli paksusteks rõngasteks
- ¼ tassi rapsiõli

JUHISED:
a) Sega kokku soja, küüslauk, punase pipra helbed, suhkur, talisibul, äädikas, piprapasta, ingver, kollane sibul ja must pipar.
b) Kui see on hästi segatud, lisage viilutatud sealiha ja määrige kastmega sealiha, kattes hästi.
c) Pane Ziploc kotti ja lase 3 tundi külmikus seista.
d) Kui olete valmis küpsetama, lisage pannile õli ja praege portsjonitena keskmisel kuumusel.
e) Kui see muutub kuldseks ja ei ole enam keskelt roosa, asetage vaagnatele.
f) Serveeri riisi ja salatiga.

47.Bossam Kimchi ja pošeeritud sealiha/Bossam

KOOSTISOSAD:
POŠERITUD SEALIHA
- 600 g (1 nael 5 untsi) maitsestamata sealiha
- 70 g (2½ untsi) doenjang fermenteeritud sojaoapasta
- 4 küüslauguküünt
- 20 suurt musta pipra tera
- ½ sibulat
- 4 rohelist lehte ½ porrulaugust
- 250 ml (1 tass) valget alkoholi (soju või džinn)

BOSSAM KIMCHI
- 400 g (14 untsi) valget redist (daikon)
- 6 spl suhkrut
- 1 spl meresoola
- ½ pirni
- 3 küüslaugu murulauku (või 2 talisibula/sibula vart, ilma sibulata)
- 3 küüslauguküünt
- 20 g (¾ untsi) gochujang tšillipastat
- 3 spl gochugaru tšillipulbrit
- 3 spl fermenteeritud anšoovisakastet
- 2 spl ingverisiirupit
- Hiina kapsa pool
- ¼Hiina kapsas soolvees, nõrutatud

JUHISED:

a) Aja 1,5 liitrit (6 tassi) vett potis keema. Lõika sealiha pikuti kaheks tükiks ja kasta keevasse vette. Lisa doenjang, küüslauk, pipraterad, sibul, porrulehed ja alkohol. Hauta 10 minutit kõrgel kuumusel kaane all, seejärel 30 minutit keskmisel kuumusel, osaliselt kaetuna, seejärel 10 minutit tasasel tulel.

b) Sealiha küpsemise ajal lõigake valge redis 5 mm (¼ tolli) tikkudeks. Marineerige 5 spl suhkru ja meresoolaga 30 minutit, segades iga kord

c) 10 minutit. Loputa kergelt külma vee all, seejärel nõruta ja pigista kätega, kuni vedelikku enam välja ei tule.

d) Lõika pirn 5 mm (¼ tolli) tikutopsideks ja murulauk 3 cm (1¼ tolli) tükkideks. Purusta küüslauk. Sega kausis redis, pirn, murulauk, küüslauk, gochujang, gochugaru, fermenteeritud anšoovisakaste, 1 spl suhkrut ja ingverisiirup.

e) Nõruta sealiha ja viiluta õhukeseks. Serveeri koos bossam kimchiga. Pärast kolme esimese välimise lehe eemaldamist asetage kapsas küljele soolvees.

f) Söömiseks keera liha ja bossam kimchi tugevasti kapsalehe sisse.

48.Korea marineeritud küljepihv

KOOSTISOSAD:
- 1 sibul, jämedalt hakitud
- 4 küüslauguküünt
- 2 ½ tassi madala naatriumisisaldusega sojakastet
- 1 tl hakitud värsket ingverit
- ¼ tassi röstitud seesamiõli
- 2 spl maitsestamata lihapehmendajat
- 2 naelane veiselihatükk, lõigatud
- 3 spl Worcestershire'i kastet
- 1 tass valget suhkrut

JUHISED:
a) Asetage ingver, küüslauk ja sibul blenderisse, lisage nüüd seesamiõli, suhkur, sojakaste, pehmendaja ja Worcestershire, pulseerige ühtlaseks.
b) Kui olete valmis, lisage kaste Ziploci kotti või kaussi, kui teil seda pole.
c) Lõika liha noaga ja aseta marinaadi, jäta üleöö külmkappi seisma.
d) Kuumuta väligrill ja küpseta steiki mõlemalt poolt 5–6 minutit või soovi korral kauem.
e) Serveeri.

49.Korea röstitud kana reied

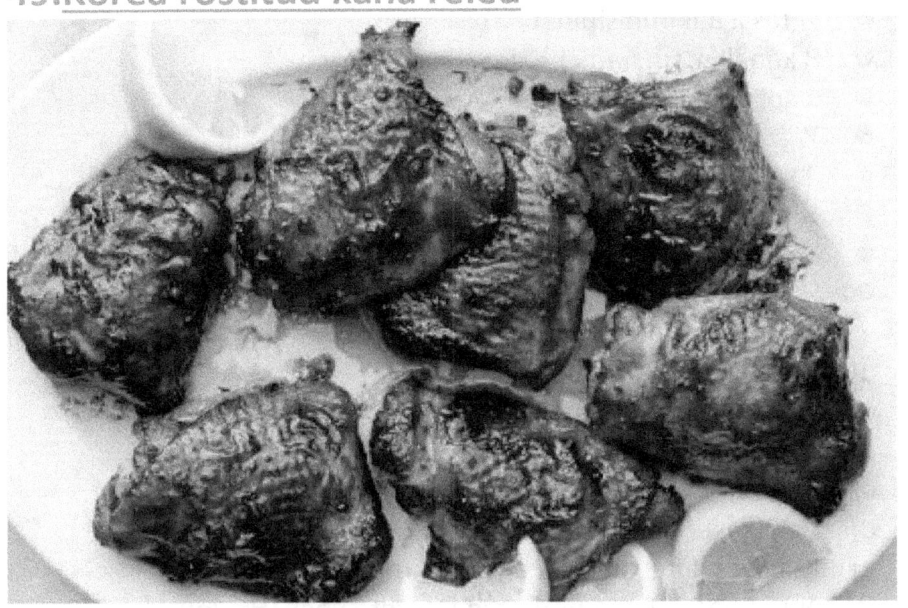

KOOSTISOSAD:
- ½ tassi hakitud sibulat
- 8 kanakintsu, nahk peal
- 3 spl seesamiõli
- ½ tassi sojakastet
- 2 tl hakitud küüslauku
- ¼ tl musta pipart
- 3 supilusikatäit mett
- ¼ tl jahvatatud ingverit

JUHISED:
a) Kuumuta pliit temperatuurini 375⃝F.
b) Lisa kana nahaga röstimisnõusse.
c) Sega kausis kokku ülejäänud koostisosad.
d) Vala kaste kana pealt ja aseta ahju.
e) Küpseta ilma kaaneta ahjus 45 minutit.
f) Nüüd pööra kana ümber ja küpseta veel 15 minutit.
g) Serveeri kord läbiküpsena.

50.Vegan Doenjang Jjigae (Korea oapasta hautis)

KOOSTISOSAD:
- 15 g (½ untsi) kuivatatud shiitake seeni (2-4, olenevalt suurusest)
- 1 vegan yuksu või dashi kott
- 15 ml (1 spl) seesamiõli
- 50 g (1¾ untsi) sibulat
- 1 suur küüslauguküüs, kooritud
- 125 g (4½ untsi) keskmise tihke oakohupiima
- ½ Korea suvikõrvitsat, umbes 150 g (5 ⅓oz)
- 50 g (1¾oz) shimeji seeni
- 50 g (1¾oz) enoki seeni
- 1 punane või roheline banaanitšilli
- ½ tl või maitse järgi gochugaru (Korea tšillihelbed)
- 50 g (1¾oz) doenjang (kääritatud sojaoa pasta)
- 1 muna (valikuline, taimetoitlastele)
- 1 kevadsibul

SERVEERIMA
- aurutatud Korea või Jaapani riis
- banchan (Korea lisandid) teie valikul

JUHISED:

a) Loputage kuivatatud shiitake seened jahedas vees, seejärel pange need kaussi ja lisage 300 ml (1¼ tassi) sooja vett. Lase umbes kaks tundi toatemperatuuril leotada, kuni see on pehme. Pigista seentest vesi välja, jäta leotusvedelik alles. Eemaldage ja asetage seenevarred kõrvale, seejärel lõigake kübarad õhukesteks viiludeks.

b) Valage leotusvedelik väikesesse kastrulisse, lisage reserveeritud seenevarred, seejärel laske keskmisel leegil keema tõusta. Lülitage kuumus välja, lisage yuksu või dashi kott ja laske teiste koostisosade valmistamise ajal tõmmata.

c) Haki sibul ja viiluta küüslauk. Lõika kohupiim hammustuste suurusteks kuubikuteks. Lõika Korea suvikõrvits pikuti neljandikku, seejärel viiluta see õhukesteks viiludeks. Lõigake ära ja visake ära enoki seente varte puitunud alumine osa. Murdke enoki ja shimeji seened väikesteks tükkideks. Lõika banaanitšilli diagonaalis umbes 3 mm paksusteks tükkideks.

d) Kuumuta keskmisel-madalal leegil umbes 750 ml (3 tassi) mahutav pott (eelistatavalt Korea kivipott) ja lisa seesamiõli. Lisa sibul ja küüslauk ning küpseta sageli segades, kuni sibul hakkab pehmenema. Puista potti tšillihelbed ja sega pidevalt umbes 30 sekundit.

e) Eemalda leotusvedelikust seenevarred ja yuksu/dashi kott ning vala 250ml (1 tass) seda potti, seejärel lisa doenjang. Kuumuta sageli segades keemiseni, veendudes, et doenjang on lahustunud. Lisa viilutatud shiitake seenekübarad, kohupiim ja suvikõrvits ning hauta, kuni kõrvits hakkab pehmenema. Sega hulka shimeji seened ja banaanitšilli ning hauta umbes kaks minutit. Lisa enoki seened ja hauta, kuni need hakkavad pehmenema.

f) Kui kasutad, purusta muna väikeseks vormiks. Liigutage potis olevad koostisosad külgedele, et tekiks sügav kraater, ja libistage muna sisse, veendudes, et munakollane ei puruneks. Hauta paar minutit, kuni muna on pehmelt hangunud.

g) Haki talisibul ja puista hautisele. Serveeri kohe koos aurutatud riisi ja banchaniga.

51.Doenjang Bibimbap (riisiga segatud köögiviljad)

KOOSTISOSAD:
- Keedetud riis
- 2 supilusikatäit doenjang
- 1 spl seesamiõli
- 1 porgand, julieneeritud
- 1 suvikõrvits, julieneeritud
- 1 tass oa idud, blanšeeritud
- 1 tass spinatit, blanšeeritud
- Praemuna (üks portsjoni kohta)
- Seesamiseemned (kaunistuseks)

JUHISED:
a) Sega doenjang seesamiõliga ja sega keedetud riisi hulka.
b) Aseta riisi peale julieneeritud köögiviljad ja oad.
c) Enne serveerimist raputa peale praemuna ja puista peale seesamiseemneid.
d) Enne söömist sega kõik kokku.

52.Doenjang Gui (grillitud sojaoapasta mereannid)

KOOSTISOSAD:
- Erinevad mereannid (krevetid, kalmaar, rannakarbid)
- 3 supilusikatäit doenjang
- 2 supilusikatäit mirini
- 1 spl mett
- 1 spl seesamiõli
- 2 küüslauguküünt, hakitud
- Roheline sibul, hakitud (kaunistuseks)

JUHISED:
a) Sega kausis doenjang, mirin, mesi, seesamiõli ja hakitud küüslauk.
b) Marineerige mereande segus 15-20 minutit.
c) Grilli marineeritud mereande kuni valmimiseni.
d) Enne serveerimist kaunista hakitud rohelise sibulaga.

NUUDELID

53.Gochujang Külmad nuudlid

KOOSTISOSAD:
- 2 küüslauguküünt, purustatud
- 3 supilusikatäit gochujang, kuum vürtsikas pasta
- 1 pöidlasuurune tükk värsket ingverit, kooritud ja riivitud
- ¼ tassi riisiveini äädikat
- 1 tl seesamiõli
- 4 redist õhukesteks viiludeks
- 2 spl sojakastet
- 4 muna, pehmeks pošeeritud
- 1 ½ tassi tatranuudleid, keedetud, nõrutatud ja värskendatud
- 1 telegraafikurk, viilutatud suurteks tükkideks
- 2 teelusikatäit, 1 igast mustast ja valgest seesamiseemnest
- 1 tass kimchi

JUHISED:
a) Lisa kuum kaste, küüslauk, sojakaste, ingver, veiniäädikas ja seesamiõli kaussi ning sega kokku.
b) Asetage nuudlid sisse ja segage hästi, veendudes, et need oleksid kastmega kaetud.
c) Asetage serveerimiskaussidesse, lisage nüüd redis, kimchi, muna ja kurk.
d) Lõpeta seemnete tolmuga.

54.Japchae (segatud klaasnuudlid)

KOOSTISOSAD:
- 150 g bataaditärklise nuudleid (dangmyeon)
- 2 spl sojakastet
- 1 spl seesamiõli
- 1 spl suhkrut
- 2 küüslauguküünt, hakitud
- 1 väike porgand, julieneeritud
- 1 väike sibul, õhukeselt viilutatud
- 1/2 punast paprikat, õhukeselt viilutatud
- 1/2 kollast paprikat, õhukeselt viilutatud
- 2 rohelist sibulat, lõigatud 2-tollisteks tükkideks
- 2 spl taimeõli
- Kaunistuseks röstitud seesamiseemned

JUHISED:

a) Küpseta bataaditärklise nuudlid vastavalt pakendi juhistele. Nõruta ja loputa külma vee all. Kõrvale panema.

b) Sega väikeses kausis kastme valmistamiseks kokku sojakaste, seesamiõli, suhkur ja hakitud küüslauk. Kõrvale panema.

c) Kuumuta taimeõli suurel pannil või wokis keskmisel-kõrgel kuumusel. Lisa porgand, sibul ja paprika. Prae segades 2-3 minutit, kuni see on veidi pehmenenud.

d) Lisa pannile keedetud nuudlid ja kaste. Prae segades veel 3-4 minutit, kuni kõik on hästi segunenud ja läbi kuumenenud.

e) Tõsta tulelt ja kaunista rohelise sibula ja röstitud seesamiseemnetega.

f) Serveeri kuumalt maitsva ja toitva hommikusöögivalikuna.

55.Bataadi vermikelli ja veiseliha segatud praadimine

KOOSTISOSAD:
- 2 spl seesamiõli
- ½ naela veisesilmafilee, õhukesteks viiludeks
- 2 küüslauguküünt, õhukeseks viilutatud
- ⅓ tassi sojakastet
- 1 spl tuhksuhkrut
- 1 ½ tassi segatud Aasia seeni
- 5 kuivatatud shiitake seeni
- 2 spl taimeõli
- 1 porgand, riivitud
- 2 sibulat, viilutatud õhukesteks viiludeks
- 1 spl röstitud seesamiseemneid
- ¼ naela maguskartuli vermikelli või mungoa vermikelli, keedetud ja nõrutatud
- 3 tassi beebispinatit, ainult lehed

JUHISED:
a) Lisa veiseliha kaussi koos sojakastme, suhkru, 2 tl seesamiõli ja küüslauguga, aseta peale toidukile ja pane 30 minutiks külmkappi.
b) Ootamise ajal leota kuivatatud seeni 30 minutit keevas vees, kui see on valmis, kurna ja viiluta.
c) Seejärel asetage kõrgete külgedega pannile või vokkile 1 supilusikatäis taimeõli.
d) Kui see on kuum, pange segatud seened, 1 tl seesamiõli ja shiitake seened, prae segades 3 minutit, seejärel maitsesta.
e) Nüüd kurna veiseliha ja jäta marinaadi kõrvale.
f) Kuumuta pann või wok uuesti 1 tl seesamiõli ja ülejäänud taimeõliga.
g) Prae sibulaid 3–5 minutit kuldseks, seejärel pane porganditesse, kuni need on pehmed.
h) Asetage veiseliha ja küpseta veel 2-3 minutit.
i) Nüüd lisa nuudlid, kõik seened, spinat ja ülejäänud seesamiõli.
j) Vala marinaad ja küpseta veel 2 minutit.
k) Kui kõik on kuum, pange roog valmis ja viimistlege seemnetega.

56. Vürtsikad külmad nuudlid

KOOSTISOSAD:
- 2 küüslauguküünt, purustatud
- 3 supilusikatäit Korea gochujang, kuum vürtsikas pasta
- 1 pöidlasuurune tükk värsket ingverit, kooritud ja riivitud
- ¼ tassi riisiveini äädikat
- 1 tl seesamiõli
- 4 redist õhukesteks viiludeks
- 2 spl sojakastet
- 4 muna, pehmeks pošeeritud
- 1 ½ tassi tatranuudleid, keedetud, nõrutatud ja värskendatud
- 1 telegraafikurk, viilutatud suurteks tükkideks
- 2 teelusikatäit, 1 igast mustast ja valgest seesamiseemnest
- 1 tass kimchi

JUHISED:
1. Lisa kaussi kuum kaste, küüslauk, sojakaste, ingver, veiniäädikas ja seesamiõli ning sega kokku.
2. Asetage nuudlid sisse ja segage hästi, veendudes, et need oleksid kastmega kaetud.
3. Asetage serveerimiskaussidesse, lisage nüüd redis, kimchi, muna ja kurk.
4. Lõpeta seemned tolmuga.

57.Nuudlid musta oa kastmega

KOOSTISOSAD:
- 1 tass suvikõrvitsat, tükeldatud ½ tolli tükkideks
- ½ naela sealiha kõht, lõigatud ½ tolli kuubikuteks
- 1 tass kartulit, kooritud ja lõigatud ½ tolli kuubikuteks
- 1 tass Korea redis või daikon, lõigatud ½ tolli kuubikuteks
- 1 ½ tassi sibulat, jämedalt hakitud
- 2 supilusikatäit kartulitärklise pulbrit segatuna ½ tassi veega
- 3 supilusikatäit taimeõli
- 1 tl seesamiõli
- 1 pluss ¼ tassi musta oa pasta
- ½ tassi kurki, õhukesteks viiludeks, nagu tikupulgad
- Vesi
- Serveerimiseks nuudlid või riis

JUHISED:
a) Lisa 1 spl taimeõli sügavale pannile või vokkpannile ja kuumuta.
b) Kui see on kuum, prae sealiha kuldseks ja krõbedaks umbes 5 minutit, sega praadimise ajal.
c) Kui see on tehtud, võta üleliigne searasv, nüüd pane redis ja küpseta veel 1 minut.
d) Järgmisena tilgutage sibulat, kartulit ja suvikõrvitsat ning praege veel 3 minutit.
e) Nüüd lükake kõik koostisosad vokipanni servale ja pange keskele 2 spl taimeõli, lisage ¼ tassi musta oa pasta, segage ja segage kõik äärtest alates.
f) Valage 2 tassi vett, katke vokk kaanega ja küpseta 10 minutit.
g) Kontrollige, kas köögiviljad on keedetud, kui jah, lisage tärklisevesi ja segage, kuni see muutub paksuks.
h) Viimasena pane sisse seesamiseemned ja võta kuumus maha.
i) Serveeri koos riisi või nuudlitega.

58.Chap Chee nuudlid

KOOSTISOSAD:
- 2 sibulat, peeneks hakitud
- 1 spl sojakastet
- 1 tl seesamiseemneid
- 1 spl seesamiõli
- 1 küüslauguküüs, hakitud
- ¼ tl musta pipart
- 2 spl taimeõli
- 1 tl suhkrut
- ½ tassi õhukeselt viilutatud porgandit
- ⅓-kilone veise välisfilee, õhukeseks viilutatud
- ¼ naela Napa kapsast, viilutatud
- 3 untsi tsellofaani nuudlid, leotatud soojas vees
- ½ tassi viilutatud bambusevõrseid
- 2 tassi värsket spinatit, hakitud
- 1 spl suhkrut
- ¼ tl musta pipart
- 2 spl sojakastet
- ½ tl soola

JUHISED:
a) Segage suures kausis seesamiõli ja seemned, sibulad 1 spl sojakastet, teelusikatäis suhkrut, küüslauk ja ¼ tl pipart.
b) Sega hulka veiseliha ja jäta 15 minutiks tuppa seisma.
c) Pange suurele pannile või wok-pannile, kui teil on seda vähese õliga kuumutada.
d) Prae veiseliha, kuni see muutub pruuniks, seejärel lisa kapsas, porgand, bambus ja spinat, segades hästi.
e) Järgmisena sega hulka nuudlid, 1 spl suhkrut, pipart, soola ja 2 spl soja.
f) Segage hästi ja vähendage kuumust, küpseta, kuni see on kogu aeg kuum.

59. Korea kana nuudlikauss

KOOSTISOSAD:
- 1–1 tolli tükk värsket ingverit, riivitud
- ¼ tassi tamari, tume sojakaste
- 1 nael täistera nisu spagetid
- Maitsestamine maitse järgi
- 2 suurt küüslauguküünt, riivitud
- 2 spl tomatipastat
- 1 spl seesamiõli
- 3 spl mett või agaavisiirupit
- 2 spl riisiveini äädikat
- 2 spl tomatipastat
- 2 spl taimeõli
- ¼ väikest kapsast, peeneks hakitud
- 1 hunnik talisibul, viltu viilutatud
- 1 tl kuuma kastet
- Viimistlemiseks röstitud seesamiseemned
- 1 nael kana reied või rinnatükk, luu ja nahata, lõigatud ribadeks
- ½ punast paprikat, kuubikuteks või viiludeks

JUHISED:
a) Kuumuta potis keeva soolaga maitsestatud vesi ja keeda pasta, hoides seda kergelt krõbedana, mitte läbimärjana.
b) Vahepeal lisa blenderisse ingver, küüslauk, veidi keeduvett, sool, äädikas, mesi, seesamiõli, tamari, kuum kaste ja tomatipasta, pulbi ühtlaseks massiks.
c) Lisa taimeõli vokkile või pannile ja kuumuta.
d) Kui kanaribad on kuumad, prae need kuldseks umbes 3 minutit, nüüd lisa veel 2 minutit paprika ja kapsas.
e) Järgmisena tilgutage kastet ja sibulaid, keetke veel 1 minut.
f) Aseta kana nuudlitele ja viimistle seemnetega.
g) Serveeri soovi korral eriti kuuma kastmega.
h) Seda retsepti saab vajadusel kasutada sealihaga.

60.Jjajangmyeon (Korea musta oa nuudlid)

KOOSTISOSAD:
- 200 g sealiha kõhutükki või sea abatükki, tükeldatud
- 1 sibul, tükeldatud
- 1 väike suvikõrvits, tükeldatud
- 1 väike kartul, tükeldatud
- 1/2 tassi musta oa pasta (chunjang)
- 1 spl taimeõli
- 2 tassi vett või kanapuljongit
- 2 supilusikatäit kartuli- või maisitärklist
- 2 spl vett
- 2 portsjonit värskeid või kuivatatud nuudleid (nagu udoni või jjajangmyeoni nuudlid)
- Kurgiribad ja marineeritud redis (kaunistuseks, valikuline)

JUHISED:
a) Kuumuta taimeõli suurel pannil või wokis keskmisel kuumusel. Lisa kuubikuteks lõigatud sealiha ja küpseta pruuniks.
b) Lisa pannile tükeldatud sibul, suvikõrvits ja kartul. Prae segades, kuni köögiviljad on veidi pehmenenud.
c) Lisa pannile musta oa pasta (chunjang) ja prae segades koos sealiha ja köögiviljadega, kuni need muutuvad lõhnavaks.
d) Vala pannile vesi või kanapuljong ja aja keema. Alanda kuumust ja lase podiseda umbes 10 minutit.
e) Segage väikeses kausis kartuli- või maisitärklis veega, et saada läga. Valage läga aeglaselt pannile, samal ajal pidevalt segades, kuni kaste pakseneb.
f) Vahepeal küpseta nuudlid vastavalt pakendi juhistele. Nõruta ja loputa külma vee all.
g) Serveeri keedetud nuudlid musta oa kastmega.
h) Kaunista soovi korral kurgiribade ja marineeritud redisega.
i) Serveeri kuumalt maitsva ja rammusa Korea pearoana.

61.Vürtsikad nuudlid muna ja kurgiga

KOOSTISOSAD:
- 1 supilusikatäis Korea tšillipulbrit
- 1 ½ tassi kimchit, tükeldatud
- 1 ½ tassi pruuni riisiäädikat
- 2 spl tšillipastat
- 2 spl tuhksuhkrut
- 1 spl seesamiõli
- ¼ naela myeoni nuudleid
- 1 spl sojakastet
- ½ tassi õhukeselt viilutatud kapsast või salatit
- 1 kurk, viiluta õhukeseks, eemalda nahk
- 2 kõvaks keedetud muna, poolitatud

JUHISED:
a) Sega kausi abil tšillipasta, sojakaste, kimchi, riisiäädikas, seesamiõli tšillipulber ja suhkur ning aseta küljele.
b) Asetage nuudlid keevasse vette ja keetke 3-4 minutit, pärast pehmeks muutumist värskendage jooksva külma vee all ja kurnake.
c) Aseta külmad või jahedad nuudlid kastet sisaldavasse kaussi ja sega omavahel.
d) Pane nuudlid serveerimiskaussidesse ja tõsta peale viilutatud kurk, 1 seesamileht, kapsas või salat ning lõpetuseks pool munast.

62.Korea külmad nuudlid

KOOSTISOSAD:
- 2 tassi veiselihapuljongit
- ¼ naela tatranuudlid, naengyun mitte soba või memil gooksu
- 1 spl pruuni riisisuhkrut
- 2 tassi kana puljongit, soolamata
- 1 spl pruuni riisiäädikat
- 1 väike Aasia pirn, viiluta väga õhukesteks viiludeks
- 2 spl valget suhkrut
- ½ Korea kurki, seemnetest puhastatud ja õhukesteks ribadeks lõigatud
- 1 kõvaks keedetud muna
- Serveerimiseks jääkuubikud
- ¼ tassi marineeritud redis
- Peeneks viilutatud keedetud rinnatükk või veise varre

JUHISED:
a) Blenderda veise- ja kanapuljongid, seejärel sega juurde äädikas ja korrigeeri maitsestamist.
b) Aseta segu 30 minutiks külmkappi puhkama.
c) Samal ajal keeda nuudlid keevas vees vastavalt paki juhendile.
d) Kui see on valmis, värskendage jooksva külma vee all ja nõrutage.
e) Asetage nuudlid serveerimiskaussidesse.
f) Nüüd vala vahukulbiga vabalt peale puljong ja aseta nuudlite katteks jääkuubikud.

63.Vürtsikad Soba nuudlid

KOOSTISOSAD:
- ½ Korea redis või daikon, lõigatud 2 tolli ribadeks, ½ tolli lai
- 1 pakk Korea soba nuudleid
- 1 spl soola
- 1 Aasia kurk, poolitatud, puhastatud seemnetest ja viilutatud viltu
- 2 spl äädikat
- 4 keedetud muna, poolitatud
- 2 spl suhkrut

KASTE
- ¼ tassi sojakastet
- ½ keskmist sibulat, kooritud ja kuubikuteks lõigatud
- ½ tassi vett
- 1 küüslauguküünt
- ½ õuna, kooritud ja kuubikuteks lõigatud
- 3 spl vett või ananassimahla
- 3 viilu ananassi, mis on võrdne õunaga
- ⅓ tassi pruuni suhkrut
- 1 tass Korea tšillihelbeid
- 3 supilusikatäit mett
- ¼ tassi valget suhkrut
- ½ tl pulbristatud ingverit
- 1 spl röstitud seesamiseemneid
- 1 tl soola
- 2 spl seesamiõli
- 1 tl Korea sinepit või Dijoni

JUHISED:
a) Kastme valmistamine sega pannil kokku sojakaste ½ tassi veega ja keeda.
b) Kui keeb, võta tulelt ja jäta ühele poole.
c) Lisage sibul, küüslauk, õun, ananass ja 3 spl vett või mahla blenderisse, pulseerige, kuni saavutate püree.
d) Sega püreesegu sojakastme hulka ja lisa ülejäänud kastme koostisosad.
e) Valage segu õhukindlasse anumasse ja asetage 24 tunniks külmkappi.
f) Pane suhkur, redis, sool ja äädikas kokku kaussi ning lase 15-20 minutit puhata, seejärel pigista segust liigne vedelik välja.
g) Asetage nuudlid keevasse vette ja keetke vastavalt juhistele, pärast valmimist värskendage külma vee all.
h) Serveerimisel lisa vaagnatele nuudlid, vala peale 3 spl kastet ning viimistle redise ja kurgiga.
i) Kui nuudlid on pikad, saab neid kääridega lõigata.

64.Korea nuudlid köögiviljadega

KOOSTISOSAD:
- 3 spl Aasia seesamiõli
- 6 untsi õhukesed oa niidiga nuudlid
- 3 spl suhkrut
- ½ tassi tamari
- 1 spl saflooriõli
- 1 spl hakitud küüslauku
- 3 keskmist porgandit, lõigatud ⅛ paksusteks tikutopsideks
- 3 tassi beebispinatit
- 1 keskmine sibul, lõika ⅛ viiludeks
- ¼ naela seeni, viilutatud ⅛ viiludeks

JUHISED:
a) Asetage nuudlid vette ja leotage 10 minutit, et need pehmeneksid, seejärel kurnake.
b) Lisa nuudlid 2 minutiks keevasse vette, kui need muutuvad pehmeks, nõruta ja värskenda külma vee all.
c) Pane suhkur, seesamiõli ja küüslauk blenderisse ning pulbeeri ühtlaseks massiks.
d) Seejärel lisage 12-tollisele pannile õli, kui see hakkab suitsema, lisage porgandid koos sibulaga ja prae 3 minutit.
e) Nüüd lisage veel 3 minutiks seened, segage 30 sekundit spinatit ja seejärel nuudleid.
f) Nirista sisse tamari segu ja sega kokku.
g) Keera kuumus madalamaks ja keeda madalal kuumusel 4 minutit.
h) Serveeri soojalt või külmalt.

SALATID

65.Vürtsikas Korea teosalat

KOOSTISOSAD:
- ½ sibulat, õhukeseks viilutatud
- 1 suur või 2 väikest purki golbanygi, meriteod
- ½ tikutopsideks lõigatud porgandit
- ¼ kapsast, õhukeseks viilutatud
- 1 väike kurk viltu õhukeseks viilutatud
- 2 spl Korea tšillihelbeid
- 1 küüslauguküüs, peeneks hakitud
- 2 spl riisiveini äädikat
- 2 supilusikatäit Korea tšillipastat
- 1 supilusikatäis Korea ploomi ekstrakti
- 1 sibul, hakitud
- 1 spl suhkrut
- 1 spl röstitud seesamiseemneid
- Korea õhukesed nisunuudlid või vermišellid

JUHISED:
a) Nõruta meriteod, aga jäta alles 1 spl mahla, kui tükid on suured pooleks lõigatud.
b) Kasutage suurt kaussi ja lisage porgandid, kapsas, kurk, teod ja sibul, asetage kõrvale.
c) Järgmiseks võta väiksem kauss ja sega kastmeks kokku tšillipasta, suhkur, küüslauk, tšillihelbed, ploomiekstrakt, äädikas, teomahl ja seesamiseemned.
d) Tõsta lusikaga köögiviljadele ja sega korralikult läbi, aseta nuudlite valmistamise ajaks külmkappi.
e) Lisa nuudlid keevasse vette ja küpseta vastavalt pakendil olevale juhisele.
f) Kui olete valmis, värskendage seda jooksva vee all ja kurnake.
g) Serveerimiseks segage need kaks kokku ja nautige.

66.Korea kurgi salat (Oi Muchim)

KOOSTISOSAD:
- 2 keskmist kurki, õhukeselt viilutatud
- 1/4 tassi punast sibulat, õhukeselt viilutatud
- 2 küüslauguküünt, hakitud
- 2 spl sojakastet
- 1 spl riisiäädikat
- 1 spl seesamiõli
- 1 tl seesamiseemneid
- 1 tl suhkrut (valikuline)
- Näputäis punase pipra helbeid (valikuline)
- Kaunistuseks hakitud roheline sibul

JUHISED:
a) Sega suures kausis õhukesteks viiludeks lõigatud kurgid ja punane sibul.
b) Sega eraldi väikeses kausis kokku hakitud küüslauk, sojakaste, riisiäädikas, seesamiõli, seesamiseemned, suhkur (kui kasutad) ja punase pipra helbed (kui kasutad).
c) Vala kaste kurkidele ja viska, kuni see on hästi kaetud.
d) Lase salatil vähemalt 30 minutit külmkapis marineerida, et maitsed sulaksid kokku.
e) Enne serveerimist kaunista hakitud rohelise sibulaga.
f) Serveeri jahutatult värskendava lisandina või eelroana.

67.Korea spinati salat (Sigeumchi Namul)

KOOSTISOSAD:
- 1 hunnik spinatit, pestud ja lõigatud
- 2 küüslauguküünt, hakitud
- 1 spl sojakastet
- 1 spl seesamiõli
- 1 tl seesamiseemneid
- Soola maitse järgi

JUHISED:
a) Aja pott vesi keema. Blanšeeri spinatit umbes 30 sekundit.
b) Nõruta spinat ja loputa küpsemise peatamiseks külma vee all. Pigista liigne vesi välja ja tükelda spinat jämedalt.
c) Sega kausis hakitud küüslauk, sojakaste, seesamiõli, seesamiseemned ja näputäis soola.
d) Lisa kaussi tükeldatud spinat ja sega, kuni see on kastmega hästi kaetud.
e) Lase salatil vähemalt 30 minutit külmkapis marineerida.
f) Serveeri jahutatult toitva ja maitseka lisandina.

68.Korea redise salat (Musaengchae)

KOOSTISOSAD:
- 1 väike korea redis (mu), julieneeritud
- 1 spl riisiäädikat
- 1 spl suhkrut
- 1 tl soola
- 1 supilusikatäis seesamiseemneid
- 1 spl seesamiõli
- Näputäis punase pipra helbeid (valikuline)
- Kaunistuseks hakitud roheline sibul

JUHISED:
a) Segage suures kausis Korea redis, riisiäädikas, suhkur ja sool.
b) Sega, kuni redis on maitseainetega hästi kaetud.
c) Lase redisil umbes 10 minutit seista, et maitsed areneksid.
d) Nõruta redisest üleliigne vedelik.
e) Lisage kaussi seesamiseemned, seesamiõli ja punase pipra helbed (kui kasutate) ning segage.
f) Enne serveerimist kaunista hakitud rohelise sibulaga.
g) Serveeri jahutatult krõbeda ja värskendava lisandina.

69.Korea oadude salat (Kongnamul Muchim)

KOOSTISOSAD:
- 2 tassi oa idandeid
- 2 küüslauguküünt, hakitud
- 1 spl sojakastet
- 1 spl seesamiõli
- 1 tl seesamiseemneid
- 1 roheline sibul, peeneks hakitud
- 1 tl suhkrut (valikuline)
- 1 tl gochugaru (Korea punase pipra helbed) (valikuline)
- Soola maitse järgi

JUHISED:
a) Aja pott vesi keema. Blanšeeri ubad umbes 1 minut.
b) Nõruta oad ja loputa küpsemise peatamiseks külma vee all. Nõruta hästi ja tõsta segamisnõusse.
c) Sega eraldi väikeses kausis hakitud küüslauk, sojakaste, seesamiõli, seesamiseemned, hakitud roheline sibul, suhkur (kui kasutad) ja gochugaru (kui kasutad).
d) Vala kaste oadude peale ja viska, kuni see on hästi kaetud.
e) Maitsesta maitse järgi soolaga.
f) Lase salatil enne serveerimist vähemalt 30 minutit külmkapis marineerida.
g) Serveeri jahutatult krõmpsuva ja maitseka lisandina.

70.Doenjang Tofu salat

KOOSTISOSAD:
- 1 plokk kõva tofu, kuubikuteks
- 3 supilusikatäit doenjang
- 2 spl riisiäädikat
- 1 spl sojakastet
- 1 spl seesamiõli
- Segatud salatiroheline
- Kirsstomatid, poolitatud
- Kurk, viilutatud

JUHISED:
a) Vahusta doenjang, riisiäädikas, sojakaste ja seesamiõli.
b) Viska kastmesse kuubikuteks lõigatud tofu ja lase 15 minutit marineerida.
c) Laota taldrikule salatirohelised, kirsstomatid ja kurk.
d) Kata marineeritud tofuga ja soovi korral nirista peale lisakastet.

71.Korea kartulisalat (Gamja salat)

KOOSTISOSAD:
- 2 suurt kartulit, kooritud ja kuubikuteks lõigatud
- 1 porgand, kooritud ja kuubikuteks lõigatud
- 2 kõvaks keedetud muna, tükeldatud
- 1/4 tassi majoneesi
- 1 spl magustatud kondenspiima
- 1 spl äädikat
- Sool ja pipar maitse järgi
- Kaunistuseks hakitud roheline sibul

JUHISED:
a) Keeda kuubikuteks lõigatud kartulid ja porgandid soolaga maitsestatud vees pehmeks, umbes 10-15 minutit. Nõruta ja lase jahtuda.
b) Segage suures segamiskausis keedetud kartul, porgand ja tükeldatud kõvaks keedetud munad.
c) Kastme valmistamiseks sega eraldi väikeses kausis kokku majonees, magustatud kondenspiim, äädikas, sool ja pipar.
d) Valage kaste kartulisegule ja segage, kuni see on hästi kaetud.
e) Enne serveerimist kaunista hakitud rohelise sibulaga.
f) Serveeri jahutatult kreemja ja lohutava lisandina.

72.Korea merevetika salat (Miyeok Muchim)

KOOSTISOSAD:
- 1 tass kuivatatud miyeoki (merevetikad)
- 2 spl sojakastet
- 1 spl seesamiõli
- 1 spl riisiäädikat
- 1 tl suhkrut
- 1 tl seesamiseemneid
- 1 küüslauguküüs, hakitud
- 1 roheline sibul, peeneks hakitud
- 1 tl gochugaru (Korea punase pipra helbed) (valikuline)
- Soola maitse järgi

JUHISED:
a) Leotage kuivatatud miyeoki külmas vees umbes 10-15 minutit või kuni see on rehüdreeritud. Nõruta ja loputa hästi külma vee all. Pigista liigne vesi välja ja lõika suupärasteks tükkideks.
b) Segage segamisnõus rehüdreeritud miyeok, hakitud küüslauk, sojakaste, seesamiõli, riisiäädikas, suhkur, seesamiseemned, hakitud roheline sibul ja gochugaru (kui kasutate).
c) Sega ühtlaseks ja maitsesta maitse järgi soolaga.
d) Lase salatil enne serveerimist vähemalt 30 minutit külmkapis marineerida.
e) Serveeri jahutatult toitva ja maitseka lisandina.

SUPID

73.Veisekapsasupp/Sogogi Baechu Doenjang-Guk

KOOSTISOSAD:
- ½ hiina kapsast
- 300 g (10½ untsi) paksu veiseliha praad
- 4 küüslauguküünt
- 1 spl seesamiõli
- 2 spl matganjang kastet
- 1 liiter (4 tassi) vett
- 70 g (2½ untsi) doenjang fermenteeritud sojapasta

JUHISED:
a) Lõika poolik hiina kapsas kaheks osaks. Eemaldage alus. Lõika iga veerand umbes 2 cm (¾ tolli) laiusteks tükkideks. Pese ja nõruta. Patsutage veiseliha paberrätikuga, et imada liigne veri. Lõika veiseliha hammustuse suurusteks tükkideks. Purusta küüslauk.

b) Kuumuta seesamiõli potis kõrgel kuumusel. Lisa liha, küüslauk ja matt ganjang. Prae, kuni veiseliha väliskülg on küps. Vala vesi ja lase keema tõusta. Lisa kapsas ja doenjang. Lase veel 15 minutit keskmisel kuumusel podiseda.

74. Korea kohupiimasupp

KOOSTISOSAD:
- 1 spl küüslaugupastat
- 3 ½ tassi vett
- ½ supilusikatäit dashi graanuleid
- 3 supilusikatäit Korea kohupiimapastat
- 1 suvikõrvits, tükeldatud
- ¼ naela värskeid seeni, neljaks lõigatud
- 1/ spl Korea kuuma pipra pasta
- 1 kartul, kooritud ja kuubikuteks lõigatud
- 1–12 untsi pakk pehmet tofut, viilutatud
- 1 sibul, tükeldatud

JUHISED:
a) Lisa suurde pannile vesi, lisa küüslauk, terav pipar ja kohupiimapastad.
b) Kuumuta keemiseni ja keeda 2 minutit, et pastad lahustuksid.
c) Järgmisena lisa kartul, sibul, suvikõrvits ja seened, sega läbi, kuumuta uuesti keemiseni veel 6 minutit.
d) Lõpuks lisage tofu, kui see on suurenenud ja köögiviljad on pehmed, serveerige kaussides ja nautige.

75.Korea merevetikasupp

KOOSTISOSAD:

- 2 tl seesamiõli
- 1–1 untsi pakk kuivatatud pruunvetikaid
- 1 ½ supilusikatäit sojakastet
- ¼ naela veise välisfilee, hakitud
- 6 tassi vett
- 1 tl soola
- 1 tl hakitud küüslauku

JUHISED:

a) Asetage vetikad veega anumasse ja katke kinni, laske sellel leotada, kuni see muutub pehmeks, seejärel lõigake 2 tolli pikkusteks tükkideks.
b) Pange pann kuumenema, seejärel lisage õli, maitse järgi soola, veiseliha ja ½ supilusikatäit sojakastet, segage segades 1 minut.
c) Järgmisena sega merevetikad ülejäänud sojakastmega, küpseta veel 1 minut.
d) Nüüd lisa 2 tassi vett ja kuumuta, kuni see hakkab keema.
e) Tilgutage küüslauk koos ülejäänud veega, kui see uuesti keeb, vähendage kuumust ja keetke madalal kuumusel 20 minutit.
f) Korrigeeri maitsestamist ja serveeri.

76.Miso ingverisupp

KOOSTISOSAD:
- 2 tl röstitud seesamiõli
- 2 tl rapsiõli
- 3 küüslauguküünt, hakitud
- 1 spl värskelt riivitud ingverit
- 6 tassi köögiviljapuljongit
- 1 leht kombu, lõigatud väikesteks tükkideks
- 4 tl valget misopastat
- 1 (3,5 untsi) pakk shiitake seeni, viilutatud (umbes 2 tassi)
- 8 untsi kõva tofu, kuubikuteks
- 5 baby bok choy, tükeldatud
- ¼ tassi viilutatud rohelist sibulat

JUHISED

a) Kuumuta seesamiõli ja rapsiõli suures potis või Hollandi ahjus keskmisel kuumusel. Lisage küüslauk ja ingver ning küpseta, sageli segades, kuni lõhnavad 1–2 minutit. Segage puljong, kombu ja misopasta ning laske keema tõusta. Katke, vähendage kuumust ja hautage 10 minutit. Sega hulka seened ja küpseta pehmeks, umbes 5 minutit.

b) Sega juurde tofu ja bok choy ning küpseta, kuni tofu on läbi kuumenenud ja bok choy on lihtsalt pehme, umbes 2 minutit. Sega hulka roheline sibul. Serveeri kohe.

c) Või, et valmistuda enne tähtaega, laske puljongil 1. toimingu lõpus täielikult jahtuda. Seejärel segage tofu, bok choy ja roheline sibul. Jagage õhukindlatesse anumatesse, katke kaanega ja hoidke külmkapis kuni 3 päeva. Kuumutamiseks asetage 30-sekundiliste intervallidega mikrolaineahju, kuni see on läbi kuumenenud.

77.Kammkarbisupp/Sigeumchi Doenjang-Guk

KOOSTISOSAD:
- 250 g (9 untsi) värsket spinatit
- 200 g (7 untsi) väikseid kammkarpe
- 1,5 liitrit (6 tassi) vett, eelistatavalt 3. valge riisi pesust
- 130 g (4½ untsi) doenjang fermenteeritud sojaoapasta
- 4 spl matganjang kastet
- soola

JUHISED:
a) Pese värske spinat põhjalikult ja nõruta. Loputage kammkarbid ja nõrutage.
b) Lase vesi keema. Lisa doenjangi kääritatud sojaoapasta.
c) Kui doenjang on hästi lahustunud, lisa kammkarbid.
d) Niipea kui keetmine jätkub, keetke 5 minutit, seejärel lisage spinat. Lase spinatil umbes 3 minutit taheneda. Lisa matt ganjang. Kontrolli maitsestust ja lisa vajadusel soola.

78.Kreveti riisisupp

KOOSTISOSAD:
- 1 spl seesamiõli
- 2 tassi valget riisi
- 1 spl riisiveini
- 9 untsi krevetid, kooritud ja kooritud
- 12 tassi vett
- Maitsestamine maitse järgi

JUHISED:
a) Võtke riis ja loputage see, asetage küljele 120 minutiks.
b) Lisa pannile õli ja kuumuta, tilguta üks kord kuumalt krevetid koos riisiveiniga ja keeda minut, seejärel lisa riis segamini ja prae veel 1 minut.
c) Valage vesi sisse ja kuumutage keemiseni. Kui riis on paisunud 3 korda suuremaks, keera kuumus madalamaks.
d) Küpseta veel 10 minutit.
e) Korrigeeri maitsestamist ja serveeri kuumalt.

79.Doenjang Rameni supp

KOOSTISOSAD:
- 2 supilusikatäit doenjang
- 4 tassi köögivilja- või kanapuljongit
- 2 pakki rameni nuudleid
- 1 tass viilutatud seeni
- 1 tass baby bok choy'd, tükeldatud
- 1 porgand, õhukeselt viilutatud
- 1 spl seesamiõli

JUHISED:
a) Potis lahusta puljongis doenjang ja lase keema tõusta.
b) Keeda rameni nuudlid vastavalt pakendi juhistele.
c) Lisage puljongile seened, bok choy ja porgandid. Hauta, kuni köögiviljad on pehmed.
d) Sega juurde seesamiõli ja serveeri keedetud rameni nuudlitega.

80.Kuivatatud tursasupp

KOOSTISOSAD:
- 9 untsi pehme tofu
- 2–3 tassi kuivatatud pollakit
- 2 küüslauguküünt, hakitud
- 3 sibulat
- 3 ½ supilusikatäit seesamiõli
- 3 ½ tassi Dashida, korea supi puljong
- Soola maitse järgi
- 1 muna
- 5 tassi vett
- Soovi korral oad
- Soovi korral punase pipra helbed

JUHISED:
a) Lõika kala õhukesteks, umbes 1,5 tolli pikkusteks ribadeks.
b) Kuumuta pannil õli ja prae kalaribasid 3 minutit.
c) Seejärel valage vesi koos Korea puljongi ja küüslauguga, pange kaas peale ja kuumutage keemiseni, seejärel keerake kuumust madalamaks.
d) Lõika tofu ½-tollisteks tükkideks ja lisa pannile.
e) Kui kasutate oad, lisage need kohe.
f) Pange kaas tagasi ja küpseta 15 minutit.
g) Klopi muna väikese kausi abil lahti.
h) Segage hästi segades supi sisse, lisage nüüd 1-tollisteks tükkideks lõigatud talisibul.
i) Küpseta veel 2 minutit ja korrigeeri maitsestamist.
j) Nõu kuumalt.
k) Puista soovi korral piprahelvestega.
l) Võib süüa aurutatud riisiga.

81.Veise rinnatükk ja kaljasupp

KOOSTISOSAD:
- 1 sibul, tükeldatud iga serveerimiskausi jaoks
- 1 pakk härjasaba luid, sealhulgas liha, Korea supermarket
- Maitsestamine maitse järgi
- 1 ½ gallonit vett

JUHISED:
a) Lisa härjasaba vett sisaldavasse kaussi ja lase leotada, eemaldades liigse vere, vaheta vett 2-3 korda.
b) Kui olete valmis, lisage luud suurde potti ja katke need 1,5 galloni veega.
c) Pane pliidile ja küpseta vähemalt 6 tundi, mida kauem küpsetad, seda parem on maitse ja liha.
d) Küpsetamise ajal koorige pealt õli, hoidke küpsetamise ajal veetaset umbes 1 gallonil.
e) Pärast valmimist peaks värv olema kreemjas.
f) Parandage maitsestamist.
g) Serveeri kaussides koos härjasabaga ja puista peale hakitud talisibul.

82. Sojaoa idude supp

KOOSTISOSAD:
- 1 sibul, hakitud
- 2 tassi sojaoa idandeid
- 2 spl sojakastet
- 2 küüslauguküünt, hakitud
- 5 tassi vett
- 1 spl seesamiõli
- Soovi korral 1–2 spl punase pipra helbeid
- 1 tl soola

JUHISED:
a) Puhastage sojaoa idandid vees, seejärel nõrutage ja eemaldage kõik soovimatud osad.
b) Lisa potti õli ja prae kuumana küüslauku, lisades samal ajal sojakastet, küpseta 3 minutit.
c) Vala vesi ja aseta idandid ning maitsesta, kuumuta, kuni see hakkab keema.
d) Nüüd alanda kuumust ja küpseta madalal kuumusel kaanega 20 minutit.
e) Kui soovite lisada punase pipra helbeid, pange need 5 minutit enne keetmise lõppu sisse.
f) Tõsta tulelt ja serveeri kaussides koos hakitud sibulaga.

83.Kana ja ženšenni supp

KOOSTISOSAD:
- 2 spl küüslauku, peeneks hakitud
- 1 tl seesamiseemneid
- 2 spl värsket ingverit, peeneks hakitud
- 8 tassi kana puljongit
- 1 spl sojakastet
- 1–2 tl punase tšillipipra pasta
- ½ tassi riisi
- 1 tl röstitud seesamiõli
- 2 sibulat, peeneks hakitud
- 1 tass hakitud keedetud kana

JUHISED:
a) Prae seemneid kuival pannil 1 minut, kuni need on kuldsed, seejärel tõsta ühele küljele.
b) Lisa suure poti abil küüslauk, puljong ja ingver ning kuumuta keemiseni.
c) Kui see keeb, segage tšillipasta, soja- ja seesamiõli.
d) Tõsta kana sisse ja kuumuta, kuni see muutub soojaks.
e) Asetage supp serveerimiskaussidesse ja viimistlege sibulate ja seemnetega.

84.Riisi ja veiseliha nuudlisupp

KOOSTISOSAD:
- ½ tervet Korea redist
- ½ naela veiseribi praad
- ¼ naela Hiina nuudlid
- 1⅓nael veiselihavarre
- 5 küüslauguküünt
- 1 sibul, suur ja tükeldatud
- Maitsestamine maitse järgi

JUHISED:
a) Võtke veiseliha ja lõigake see suusuurusteks tükkideks.
b) Lõika redis kaheks osaks.
c) Nüüd keetke need suures potis 30 tassi veega kokku, kui see keeb, keera kuumus madalamaks ja hauta 60 minutit.
d) Kui liha on pehme, võtke see koos redisega puljongist välja, laske puljongil jahtuda, koorides maha liigne rasv.
e) Kui saate redisega hakkama, lõigake ⅛ paksudeks viiludeks.
f) Aseta liha koos viilutatud redisega tagasi puljongisse ja lase seekord uuesti keema, lisades nuudlid.
g) Tõsta sibulale ja maitsesta soola ja pipraga.
h) Serveeri supikaussides ja naudi.

85.Korea noaga lõigatud nuudlisupp

KOOSTISOSAD:
- ½ tl hakitud küüslauku
- 4 ½ tassi kuivatatud anšoovise- ja pruunvetikapuljongit või vett
- ½ tl peent meresoola
- 1 tl sojakastet
- Vesi nuudlite keetmiseks
- 1,7 untsi porgand, lõigatud õhukesteks ribadeks
- 10 untsi kalguksu või rameni nuudleid
- 1,4 untsi šitake seened, õhukeseks viilutatud
- 3,5 untsi suvikõrvitsat, lõigatud õhukesteks viiludeks
- 3,5 untsi krevetid, pea ja saba eemaldatud, väljakujunenud
- 4,5 untsi värsked või külmutatud väikesed kaeluskarbid, puhastatud
- 1 sibul, hakitud

JUHISED:
a) Aseta pliidile kaks potti, millest ühes on vesi nuudlite jaoks ja kuumuta keemiseni. Teine kasutab suurt potti ja lisa pruunvetikapuljong või vesi ning lase keema tõusta.
b) Keeda nuudleid 3 minutit, kurna ja loputa, kui valmis ning tõsta kõrvale.
c) Lisage põhipotti porgandid, seened ja suvikõrvits, keetke 2 minutit, seejärel tilgutage karbid ja krevetid veel 2 minutiks.
d) Viimasena lisa nuudlid ja sega läbi.
e) Kui see on kuum, serveeri kaussi.
f) Märge. Kui kasutate puljongi asemel vett, lisage täiendavalt sojakastet ja maitseaineid.

86.Seakaela supp

KOOSTISOSAD:
- 1 väike sibul
- 3-naeline seakael
- 10 tera musta pipart
- 1 pöidlasuurune tükk värsket ingverit, kooritud
- 3 supilusikatäit perilla seemne pulbrit
- 10 küüslauguküünt
- 3 spl riisiveini
- 1 tl jahvatatud ingverit
- 3 supilusikatäit Korea punase pipra pulbrit
- 3 supilusikatäit kalakastet
- 4 väikest kreemjat kartulit, kooritud
- 1 hunnik hiina kapsast või bok choy'd
- 5 sibulat, hakitud
- Maitsestamine maitse järgi
- 10 perilla lehte

JUHISED:
a) Asetage sealiha vette ja leotage 120 minutit, 60 minuti pärast puhastage vesi.
b) Kui liha on valmis, pane suurde potti, kata veega ja kuumuta keemiseni, jäta 6 minutiks keema.
c) Nüüd kurna vesi ära ja loputa liha külma veega.
d) Puhastage pott, seejärel lisage liha uuesti ja valage nii palju vett, et see oleks kaetud.
e) Tõsta sisse terve sibul, 4 küüslauguküünt, ingver ja pipraterad, kuumuta keemiseni, alanda kuumust ja keeda 90 minutit.
f) Vahepeal sega kokku riisivein, perillaseemne pulber, punane pipar, kalakaste, 6 küüslauguküünt ja ingveripulber.
g) Kui kaste on hästi segatud, pane ühele poole.
h) Kui see on valmis, võta sealiha puljongist välja ja tõsta ühele poole.
i) Eemalda ingver, sibula pipraterad ja küüslauk, nüüd pane sealiha tagasi.
j) Pane kartulid koos kastmega sisse ja sega kokku, maitsesta ja küpseta veel 20 minutit.
k) Viimasena tilguta sisse perillalehed ja kapsas, küpseta 2-3 minutit.
l) Serveeri kaussides sibula ja musta pipraga.

MAGUSTOOTED

87.Magusad Korea pannkoogid

KOOSTISOSAD:
- 1 spl granuleeritud suhkrut
- 1 ¾ tassi leivajahu
- 2 ¼ tl kiirpärmi
- 1 ¼ tassi magusat riisijahu
- 1 spl taimeõli
- 1 tl soola
- 5 spl õli, praadimiseks
- 1 ½ tassi leiget piima
- Täidise jaoks
- 1 tl kaneeli
- ⅔ tassi pruuni suhkrut
- 2 spl peeneks hakitud pähkleid, teie valik

JUHISED:
a) Segage suures kausis pärm, jahu, suhkur ja sool ning segage hästi.
b) Nüüd vala 1 supilusikatäis õli piimale ja sega kuivsegusse, klopi 2 minutit, seejärel aseta peale riie ja lase 60 minutit toas puhata.
c) Kui see on kahekordistunud, koputage see tagasi ja laske uuesti 15 minutit puhata.
d) Vahepeal blenderda täidise ained kokku ja tõsta kõrvale.
e) Jagage taignasegu 8 tükiks, määrige käed ja asetage üks tükk korraga pihku ja suruge see alla, et moodustada umbes 4 tolli laiune ketas.
f) Lisage keskele 1 ½ supilusikatäit suhkrusegu, keerake nüüd servad keskele kokku ja sulgege.
g) Lisa pannile õli ja kuumuta keskmisel kuni madalal kuumusel.
h) Aseta pall kuuma õli sisse suletud küljega allapoole, seejärel vajuta alla, et see lameneks, võid kasutada selleks spaatlit.
i) Kui avastate auke, kasutage nende sulgemiseks veidi tainast.
j) Küpseta 3 minutit, keerake kord krõbedaks ümber ja küpseta veel 3 minutit.
k) Võtke välja, kui see on kuldne.
l) Lase enne söömist veidi jahtuda, suhkrukeskus on kuum.

88.Korea meega pošeeritud pirnid

KOOSTISOSAD:
- ½ untsi värsket ingverit, kooritud ja õhukesteks viiludeks
- 1 nael Korea pirnid, kooritud
- 24 tera musta pipart
- 3 tassi vett
- 2 spl suhkrut või mett
- Soovi korral viimistlemiseks piiniapähklid

JUHISED:
a) Pane vesi pannile ja lisa ingver, kuumuta keemiseni ja jäta 6-8 minutiks seisma.
b) Vahepeal lõika pirnid 8 viiluks.
c) Nüüd suruge igasse pirniviilusse 3 pipratera, veendudes, et need lähevad täpselt sisse ega kuku välja.
d) Tõsta ingver veest välja ja pane sisse suhkur või mesi ja pirnid, hauta 10 minutit.
e) Kui olete valmis, võtke välja ja jahutage, seejärel pange külmikusse jahtuma.
f) Serveeri külmalt või soovi korral kuumalt, kasutamisel puista pähklitega.

89.Korea piimajääsorbett

KOOSTISOSAD:
- 2 spl mini mochi riisi kooke
- 2 lusikatäit magustatud punase oa pasta
- 4 tl Korea mitmeteralist pulbrit
- 2-3 tükki Korea kleepuvad riisikoogid, kaetud röstitud sojapulbriga, lõigatud ¾-tollisteks kuubikuteks
- 4 tl naturaalseid mandlilaaste
- Jää jaoks
- 2 spl kondenspiima, magustatud
- 1 tass piima

JUHISED:
a) Sega kondenspiim ja piim valamiseks huulega tassis kokku.
b) Asetage segu jääalusele ja külmutage, kuni see muutub jääplokkideks, umbes 5 tundi.
c) Kui olete hangunud, eemaldage need ja asetage need blenderisse või kui saate neid raseerida, pulseerige ühtlaseks.
d) Asetage kõik koostisosad serveerimisnõusse, mis on jahutatud.
e) Pane põhjale 3 spl sorbetti, seejärel puista 1 tl mitmeteralise pulbriga.
f) Järgmisena lisage veel 3 supilusikatäit sorbetti ja seejärel veel teraviljapulbrit.
g) Nüüd aseta peale riisikoogid ja oapasta.
h) Puista mandlitega ja serveeri.

90. Korea riisikoogivardad

197

KOOSTISOSAD:
- Õli toiduvalmistamiseks
- 32 tk Korea riisikoogid
- 2 spl purustatud pähkleid, omal valikul või seesamiseemneid
- Kastme jaoks
- 1 spl mett
- 1 ½ supilusikatäit tomatikastet
- 1 tl tumepruuni suhkrut
- 1 spl Korea tšillipastat
- ½ supilusikatäit sojakastet
- ¼ tl hakitud küüslauku
- 1 tl seesamiõli

JUHISED:
a) Lisage riisikoogid keevasse vette, et need pehmeneksid ainult 30 sekundiks, seejärel loputage külma vee all ja nõrutage.
b) Kuivatage need köögipaberiga liigsest veest.
c) Aseta pliidile teine pann ja lisa kastme koostisosad, kuumuta ja sega, et suhkur või mesi sulaks, kõrbemise vältimiseks sega pidevalt, kui pakseneb, tõsta ära.
d) Asetage koogid vardasse, veendudes, et see mahub teie pannile.
e) Kuumuta pannil veidi õli, aseta varrastesse üks kord kuumaks ja prae 1 minut.
f) Võta välja ja määri üleni kastmega.
g) Viimistle seesamiseemnete või pähklitega.

91.Korea maasika kiivi rullkook

KOOSTISOSAD:
- 1 tass suhkrut
- 11 spl universaalset jahu
- 1 spl vett
- 6 suurt muna
- 1 spl kuuma vett
- 2 tassi rasket koort
- 3 supilusikatäit taimeõli
- 1 tl vaniljeekstrakti
- 1 tass maasikaid, tükeldatud
- 2 supilusikatäit mett
- 1 tass kiivi, tükeldatud

JUHISED:
a) Kuumuta pliit temperatuurini 375 °F ja aseta küpsetuspaber 16×11 küpsetusplaadile.
b) Aja jahu läbi sõela segamisnõusse.
c) Vahusta munavalgeid 60 sekundit vahuks, seejärel lisa aeglaselt suhkur ja vahusta kuni saavutab maksimumi, elektrimikseri olemasolul oleks see parem.
d) Seejärel lisa ettevaatlikult ükshaaval munakollased lisamise vahepeal 60 sekundit vahustades, kui kõik on sees, lisa vesi ja õli, vahusta uuesti 10 sekundit.
e) Nüüd segage aeglaselt jahu ja segage hästi.
f) Lisage koogisegu küpsetusplaadile ja kukutage plaati paar korda, et õhk väljuks.
g) Küpseta ahjus 12-15 minutit.
h) Kui valmis, võta välja ja aseta peale küpsetuspaber, seejärel keera välja, eemalda paber aluselt ja tõsta jahutusrestile.
i) Kuni see jääb soojaks, rulli see küpsetuspaberiga kokku, jättes selle koogirulli sisse.
j) Laske sellel veel 10 minutit jahtuda.
k) Sega oodates mesi ja vesi kokku ning aseta küljele.
l) Vahusta rõõsk koor vanilje ja ülejäänud suhkruga tipptasemeks.
m) Järgmiseks võtke kook ja rullige see lahti, eemaldage paber ja lõigake üks ots viltu, et see viimistleks.
n) Määri koogile meega ja seejärel kreemiga.
o) Lisage kiivi ja maasikad, rullige see kokku ja hoidke seda ümaraks, asetades selle välisküljele küpsetuspaberi.
p) Jäta 20 minutiks külmkappi seisma, et kuju säiliks.
q) Võtke viil ja serveerige.

92.Korea Yakwa magustoit

KOOSTISOSAD:
- ¼ tassi soju
- 2 ¼ tassi kondiitri- või keskmise valgusisaldusega jahu
- ¼ tassi mett
- ¼ tassi seesamiõli
- 1 tl küpsetuspulbrit
- 2 spl hakitud piiniaseemneid
- ⅛ teelusikatäis soola
- 2 spl sulatatud võid
- ¼ teelusikatäit söögisoodat
- Siirupi jaoks
- 2 tassi vett
- 1 tass riisi siirupit
- 1 spl värsket riivitud ingverit
- 1 tass mett

JUHISED:
a) Kuumuta pliit temperatuurini 250 ⌾F.
b) Pane sool, söögisooda, pulber ja jahu kaussi ning sega omavahel.
c) Nüüd lisa seesamiõli ja sega kätega kokku.
d) Segage mesi ja soju väiksemas kausis, seejärel lisage taignale ja segage õrnalt.
e) Kui tainas on käes, jaga 2 tükiks.
f) Asetage 1 pool tööpinnale ja rullige ¼ tolli paksuseks ristkülikuks.
g) Lõika 1 × 1-tollisteks tükkideks või saab lõigata diagonaalselt, et moodustada teemante.
h) Tehke kahvliga augud pealt ja määrige mõlema ülaosa võiga.
i) Aseta küpsetusplaadile ja küpseta ahjus 15 minutit.
j) Vahepeal lisa pannile või pannile mesi, vesi ja riisisiirup ning kuumuta segades keemiseni, seejärel keera kuumus maha ja sega hulka ingver, jäta kõrvale.
k) Tõstke pliit temperatuurini 300 ⌾F ja veel 10 minutit.
l) Nüüd viimast korda keerake pliit 350 ⌾F peale ja küpseta veel 7 minutit või kuni see muutub kuldpruuniks.
m) Kui olete need välja võtnud, pange need kohe siirupisse ja jätke pool tundi seisma, mida kauem, seda parem.
n) Serveerimisel võta välja ja puista seedermänniseemnetega.

93.Korea tapiokipuding

KOOSTISOSAD:
- 2 ½ suurt munakollast
- 3 tassi täispiima
- ¼ tassi suhkrut
- ⅓ tassi väikseid tapiokkpärleid
- 1 vaniljekaun
- ¼ tl puhast vaniljeekstrakti
- 3 spl Korea mee-sidruniteed
- ½ tl soola

JUHISED:
a) Asetage piim 4-tassihoidjasse, lisage ¾ tassi paksu põhjaga pannile ja pange tapiokk, jätke 60 minutiks.
b) Klopi lahti munakollased, suhkur ja sool, lõika vanilliseemned lahti ja eemalda seemned, lisa need 4-tassihoidjasse.
c) Kui tapiokk on valmis, sega hulka vanillikaste ja tõsta pliidile keemiseni, ära unusta segamist.
d) Kui see keeb, vähendage kuumust ja hautage 20 minutit.
e) Tõsta tulelt ja sega vanilliekstrakt Korea teega.
f) Serveeri, kui see on valmis.

94.Korea vürtsikas riisikook

KOOSTISOSAD:
- 2 tl suhkrut
- 1 tass riisikooki
- 1 tl sojakastet
- 2 tl Korea vürtsikat oapastat
- Viimistlemiseks seesamiseemned
- ¾ tassi vett

JUHISED:
a) Lisa potti vesi koos oapasta ja suhkruga, kuumuta keemiseni.
b) Nüüd tilguta sisse riisikook, keera kuumus madalamaks ja küpseta madalal kuumusel 10 minutit.
c) Serveeri, kui see on valmis.

95.Küpsetatud pirnid Wontoni krõpsudes

KOOSTISOSAD:
- ½ tl jahvatatud kaneeli, jagatud
- 2 Korea pirni
- ½ tassi pluss 1 spl mett, jagatud
- 4 - 6 × 6 wontoni ümbrised
- ¼ tassi mascarponet
- 1 ½ supilusikatäit sulatatud soolata võid

JUHISED:
a) Kuumuta pliit temperatuurini 375 ⁇F ja vooderda küpsetusplaat küpsetuspaberiga.
b) Viilutage ½ tolli pirni põhjast ja ülaosast.
c) Nüüd koorige need ja lõigake läbi keskmise horisontaalse, võtke seemned välja
d) Asetage ümbrised kuivale tasasele pinnale, lisage igale ümbrisele poolik pirn ja puista kaneeliga, seejärel puista peale umbes 1 supilusikatäis mett.
e) Tõstke nurgad üles ja sulgege meega.
f) Aseta need küpsetusplaadile ja küpseta ahjus 45 minutit, kui küpsetis värvub liiga palju, kata lihtsalt vähese fooliumiga.
g) Blenderda ülejäänud mesi, kaneel ja mascarpone ühtlaseks seguks.
h) Serveeri pakke koos mascarponega.

96.Tervislik magus riisikook

KOOSTISOSAD:
- ½ tassi kuivatatud kabocha või muud tüüpi kõrvitsat
- 1 tass leotatud musti sojaube
- 10 kastanit, neljandikku
- 12 kuivatatud datlit
- ½ tassi kreeka pähkleid, neljandikku
- ⅓ tassi mandlijahu
- 5 tassi külmutatud märga magusat riisijahu, sulatatud
- 3 supilusikatäit suhkrut

JUHISED:
a) Pese kõrvitsa rehüdraat supilusikatäie veega, vajadusel lisa veel, et see muutuks pehmeks.
b) Segage suures kausis suhkur, mandlijahu ja riisijahu ning segage hästi.
c) Nüüd lisage 2 supilusikatäit vett ja hõõruge oma käsi kokku, et muuta see tükkideks.
d) Järgmisena sega hulka ülejäänud ained ja sega läbi.
e) Asetage aurutamispann pliidile ja kasutage korvi vooderdamiseks niisket lappi.
f) Lisa segu suure lusikaga ja tasanda, aseta peale riie ja auruta pool tundi.
g) Kui olete valmis ja jahtunud, võtke see välja, kui saate hakkama, keerake see tööpinnale ümber.
h) Võtke riie ära ja lõigake ning vormige serveerimisjoogid.

MAITSED

97.Korea BBQ kaste (Kalbi või Bulgogi kaste)

KOOSTISOSAD:
- 1/2 tassi sojakastet
- 1/4 tassi pruuni suhkrut
- 2 spl riisiäädikat
- 2 spl mirin (riisivein) või õunamahla
- 2 küüslauguküünt, hakitud
- 1 spl seesamiõli
- 1 spl riivitud ingverit
- 1 supilusikatäis gochujang (Korea tšillipasta) (valikuline vürtsikuse jaoks)
- 1 supilusikatäis seesamiseemneid
- 2 rohelist sibulat, hakitud

JUHISED:
a) Vahusta kausis sojakaste, pruun suhkur, riisiäädikas, mirin, hakitud küüslauk, seesamiõli, riivitud ingver ja gochujang (kui kasutad), kuni need on hästi segunenud.
b) Sega juurde seesamiseemned ja hakitud roheline sibul.
c) Kasutage kastet bulgogi (õhukeseks viilutatud veiseliha) või kalbi (Korea stiilis lühikesed ribid) marinaadiks enne grillimist või dipikastmena grillitud liha ja köögiviljade jaoks.

98.Ssamjangi kaste

KOOSTISOSAD:
- 40 g (1½ untsi) gochujang tšillipastat
- 30 g (1 unts) doenjang fermenteeritud sojaoapastat
- 1 tl suhkrut
- 1 spl seesamiõli
- ½ supilusikatäit seesamiseemneid
- 2 purustatud küüslauguküünt

JUHISED:
a) Sega kõik koostisained omavahel.
b) Suletud anumas säilib kaste külmkapis 2 nädalat.

99.Yangnyeom Jang dipikaste pelmeenidele

KOOSTISOSAD:
- 1/4 tassi Yangnyeom Jang
- 1 spl riisiäädikat
- 1 tl seesamiõli
- 1 tl suhkrut
- 1 roheline sibul, peeneks hakitud

JUHISED:
a) Sega kausis Yangnyeom Jang, riisiäädikas, seesamiõli, suhkur ja hakitud roheline sibul.
b) Segage, kuni see on hästi segunenud.
c) Kasutage oma lemmikpelmeenide dipikastmena.

100.Maesil Jang salatikaste

KOOSTISOSAD:
- 1/4 tassi maesil jang
- 2 spl oliiviõli
- 1 spl riisiäädikat
- 1 tl sojakastet
- Sool ja pipar maitse järgi

JUHISED:
a) Vahusta maesil jang, oliiviõli, riisiäädikas, sojakaste, sool ja pipar.
b) Nirista kaste oma lemmiksalatile vahetult enne serveerimist.

KOKKUVÕTE

Kui jõuame "Mopp tänavatoidu kokaraamatu" lõppu, loodame, et olete saanud inspiratsiooni avastama Korea tänavatoidu rikkalikku ja mitmekesist maailma oma köögis. Korea tänavatoit tähistab pliidiplaadi särinast vürtsikate kastmete aroomiga julgeid maitseid, lohutavaid tekstuure ja ühiselamusi. Kui jätkate oma kulinaarset teekonda, viigu iga proovitud retsept teid lähemale Souli elava toiduelu elavale vaimule.

Kuna selle kokaraamatu viimased leheküljed on pööratud ja Korea tänavatoidu maitsed jäävad teie maitsele, siis tea, et teekond ei lõpe siin. Jagage oma armastust Korea köögi vastu sõprade ja perega, katsetage uute koostisosade ja tehnikatega ning laske oma loovusel tõusta, kui loote oma koduköögis taas Souli sagivate toidulettide võlu.

Täname, et liitusite meiega sellel maitsval seiklusel läbi Souli tänavate. Olgu teie köök täidetud Korea tänavatoidu vastupandamatute aroomidega, teie laud rõõmuga ühisest söömisest ja teie süda kulinaarse uurimise soojusega. Kohtumiseni, head kokkamist ja head isu!

www.ingramcontent.com/pod-product-compliance
Lightning Source LLC
Chambersburg PA
CBHW070411120526
44590CB00014B/1346